Alfred Bareis
Vom Kritzeln zum Zeichnen und Malen

W0065197

Alfred Bareis

Vom Kritzeln zum Zeichnen und Malen

Bildnerisches Gestalten mit Kindern

 Auer Verlag GmbH

Abkürzungen, die im Text verwendet werden:

[ ] = Anmerkung, siehe S. 127 ff.
6;2 = 6 Jahre und zwei Monate (Beispiel)

Gedruckt auf umweltbewusst gefertigtem, chlorfrei gebleichtem und alterungsbeständigem Papier.

11. überarbeitete und erweiterte Auflage. 2005
© by Auer Verlag GmbH, Donauwörth
Ohne Quellenangabe abgebildete Kinderzeichnungen und Schülerarbeiten stammen aus dem Archiv des Verfassers.
Gesamtherstellung: Ludwig Auer GmbH, Donauwörth
ISBN 3-403-00**318**-3

Inhalt

Einführung

Seit etwa 1880 ist die Kinderzeichnung Gegenstand wissenschaftlicher, vor allem psychologischer Forschung. Zu den ersten, die darüber berichtet haben, gehören der Engländer *Ebenezer Cooke* und der Italiener *Corrado Ricci*. Sie bemühten sich bereits um den Nachweis von Entwicklungsstufen des Kinderzeichnens. Eine hervorragende Gesamtdarstellung findet sich bei *James Sully* in seinen „Untersuchungen über die Kindheit". Sein Werk gilt als *das* klassische Buch über die Psyche des Kindes. Im Kapitel „Der junge Zeichner" stützt sich Sully auf die bisherigen Untersuchungsergebnisse, beschreibt ausgewählte Kinderzeichnungen, stellt deren charakteristische Merkmale heraus und vergleicht diese mit der Kunst der „Wilden". Er stellt fest, dass die „Kinderentwürfe einen Entwicklungsprozess erläutern". Den Umfang seiner Untersuchung begrenzt er auf die Zeichnungen zwei- bis sechsjähriger Kinder und auf die „Entwürfe der menschlichen Gestalt und der Tiere, besonders des Pferdes ... Diese bilden die Lieblingsgegenstände der kindlichen Zeichenkunst, und dafür sind auch Beispiele leicht zu haben" (S. 311).

Seitdem haben sich in allen Kulturländern in steigendem Ausmaß Psychologen, Kunstwissenschaftler und Pädagogen mit der kindlichen „Bildsprache" [1] befasst, diese beschrieben und auch zu deuten versucht. Die meisten Forscher aber hielten sich bei ihren Klassifizierungen mehr oder weniger eng an die Darstellung Sullys.

Um Antwort auf alle die auftauchenden Fragen zum Kinderzeichnen zu erhalten, sammelte man möglichst umfassendes Bildmaterial. Ja, man führte Massenuntersuchungen durch, wobei ganzen Schulklassen bestimmte Aufgaben gestellt und die Ergebnisse statistisch ausgewertet wurden. Schließlich bediente man sich auch der biografischen Methode, d. h. man versuchte die zeichnerische Entwicklung eines einzelnen Kindes möglichst lückenlos festzuhalten.

Hauptgegenstände des Forschens waren die Entwicklungsstufen in der Kinderzeichnung, das zeichnerische Leistungsvermögen des Kindes (damit verbunden das Aufstellen von Altersnormen), die Beziehung zwischen Zeichnung und Intelligenz, die bevorzugten Zeichenmotive, die Kunstbegabung im Kindes- und Jugendalter, der kindliche Schönheitssinn, das Zeichnen nach Vorlagen und spontanes Zeichnen, die Kinderzeichnung und das psychogenetische Grundgesetz, schließlich auch die Kinderzeichnung im Vergleich mit der Kunst der Primitiven und in Parallele zu den Frühformen der hohen Kunst. Zu den bekanntesten Forschern in Deutschland zählen *Siegfried Levinstein* und *Georg Kerschensteiner*, deren große Tafelwerke um 1905 erschienen.

Levinstein bemühte sich besonders um die Parallelen aus der Urgeschichte, Kulturgeschichte und Völkerkunde. Er wertete etwa 5000 Kinderzeichnungen aus [2].

Kerschensteiner ging hauptsächlich den Fragen nach, wie sich im Kinde ohne systematische Beeinflussung der grafische Ausdruck bis zur künstlerischen Darstellung entwickelt, welche durchschnittliche Leistung sich bei den verschiedenen Altersstufen und den verschiedenen Stoffgebieten erwarten lässt, wie sich das Kind zur dekorativen Kunst, wie zur absoluten Raumkunst stellt. Kerschensteiners Versuche erstreckten sich über sämtliche Volksschulkinder der Stadt München (das waren im

Jahre 1904 ungefähr 58 000). Dabei sammelten sich rund 500 000 Kinderzeichnungen an, von denen er selbst ungefähr 300 000 analysierte. In der Einteilung zu seinem Prachtband mit 847 Bildbeispielen schreibt Kerschensteiner: „Wenn ich oft in den langen Winternächten hinein über den tausenden und abertausenden Kinderzeichnungen saß und sie prüfte und studierte, so fühlte ich kaum die Last der Arbeit. Es war mir, als reiste ich in ein unbekanntes Land voll tausend Schönheiten, in das Land der glückseligen Kinder, die mit dem ganzen Reiz ihrer unverfälschten Natur geben, was sie haben" (S. 13).

In den folgenden Jahren erfuhr die allgemeine Psychologie des Zeichnens ein intensives Studium. Man wandte sich von den Massenuntersuchungen ab und Einzeluntersuchungen zu, häufig unter biografischem Aspekt. So veröffentlichten 1909 *Clara* und *William Stern* „Die zeichnerische Entwicklung eines Knaben vom 4. bis zum 7. Jahre" und *Helga Eng* analysierte 1927 die Zeichnungen zweier Kinder über einen Zeitraum von sieben Jahren, vom Kritzelalter bis zum achten Lebensjahr. *Walter Krötzsch, G. F. Hartlaub* u. a. bemühten sich besonders um die Frage nach den ursprünglichen Bildekräften im Kinde. Aber erst die im Jahre 1926 von Egon Kormann herausgegebene „Theorie der bildenden Kunst" von *Gustav Britsch* (der die freie Kinderzeichnung in seine Kunstforschung mit einbezog) brachte die entscheidenden Aufschlüsse über den Aufbau und die Entfaltung bildnerisch gestalteter Form. Nach Britschs Auffassung entfaltet sich jede Bildform (auch die kindlich gestaltete) nach einer bestimmten, in der Struktur des menschlichen Geistes liegenden Gesetzmäßigkeit in einem Prozess zunehmender Differenzierung von einfachsten zu immer komplexeren Gebilden. Mit seinen Begriffen wie *gemeinter Farbfleck, nichtgemeinte Umgebung, Richtungsunterscheidung, -veränderlichkeit und -zusammenhang* sowie *grenzloser Übergang, Farbunterscheidung* und *Farbzusammenhang* ist es möglich, die Formen kindlichen Gestaltens objektiv zu ordnen, für die einzelnen Alters- bzw. bildnerischen Entfaltungsstufen den entsprechenden formalen Ausdruck festzulegen.

Die Grundlagen dieser Theorie sind auch heute noch gültig. „Nur liegt der Nachteil dieser Theorie darin, dass sie einseitig formal orientiert ist. Sie bedarf einiger grundlegender Ergänzungen" (Staguhn[1], S. 171).

Da Britsch Kunstforscher war, stützte er sich, wie der Psychologe Arnheim schreibt, „nicht auf Wahrnehmungspsychologie, aber seine Ergebnisse bestätigen die neueren Richtungen auf diesem Gebiet und werden von ihnen bestätigt" (S. 144). Neben die bisherigen Erkenntnisse traten nach 1920 die ganzheits- bzw. gestaltpsychologischen. *Hans Volkelts* Untersuchungen über die kindliche Auffassung und Wiedergabe von Formen erhellten weiter den Zeichenvorgang, d. h. den Prozess der Auseinandersetzung des Kindes mit dem Gegenstand seiner bildnerischen Darstellung. Nach Volkelts Ansicht enthalten die frühkindlichen Zeichnungen nicht nur Daten, die das Kind über das Sehen der Dinge, sondern auch solche, die es im täglichen Umgang mit den Dingen gewonnen hat, also auch oder oft ausschließlich nichtoptische. (Im Gegensatz dazu steht die Ansicht von Gustav Britsch, der das Wesen der künstlerischen Tätigkeit in der unmittelbaren geistigen Verarbeitung der Erlebnisse des Gesichtssinnes sieht.)

Die großen Fortschritte, die Psychologie und Pädagogik im Laufe der folgenden

Jahre genommen hatten, führten zu der Überzeugung, dass die eigenartigen Bildnereien der Kinder widerspiegeln, was sie erlebt, erfahren und „innerlich" verarbeitet haben, und jedes Kind sich diese Bild-Zeichen (für Personen, Dinge …) jeweils selbst schaffen muss, da sie so nicht vorhanden sind und daher nicht übernommen werden können wie etwa Schriftzeichen. Darüber hinaus wurde die Meinung gefestigt, dass sich die Kinderzeichnung stufenmäßig (in einer immer differenzierteren Gestaltung eines Zeichen-Motivs) nach einer inneren (im Reifungsprozess begründeten) Gesetzlichkeit entwickle, die in der Struktur des menschlichen Geistes prädisponiert ist, und als eine Art Sprache betrachtet werden kann, die den Kindern der ganzen Welt zu eigen ist.

Die Auffassung, wonach die Kinderzeichnungen voller Fehler seien, jeweils nur eine mehr oder weniger geglückte Wiedergabe von Erscheinungs- oder Gedächtnisbildern darstellen; ebenso die Auffassung, Kinder geben nicht das wieder was sie von den Dingen sehen, sondern nur das, was sie von ihnen wissen, konnte als widerlegt gelten [3].

In dieser Zeit erschienen fundierte Schriften zum bildhaften Gestalten des Kindes (*E. Kornmann, G. Kolb, E. Parnitzke, W. Hansen*).

Durch die Aufstellung von Entwicklungsreihen (phasentypisches bildnerisches Leistungsniveau, das ein Kind in einem bestimmten Alter im Allgemeinen erreicht) wurde eine Grundlage für die psychodiagnostische Auswertung der Kinderzeichnungen, insbesondere zur Bestimmung des allgemeinen Intelligenzniveaus, geschaffen. Schon 1926 entwickelte *Florence Goodenough* – aufgrund der Beobachtung, dass mit fortschreitendem Alter des Kindes ins-

besondere die Menschenzeichnung zunehmend Detailreichtum und Realitätstreue aufweist – den Draw-a-Man-Test [4].

Bald wurden die Zeichnungen und Malereien der Kinder auch für die Bewertung der kindlichen Persönlichkeit verwendet, da man erkannt hatte, dass die unbeeinflusste Kinderzeichnung auch ein bevorzugtes Ausdrucksfeld des „Unbewussten" ist. D. h. man geht davon aus, dass jeder Zeichner (der eine mehr, der andere weniger) sich selbst oder Angehörige, seine Wünsche, Ängste, Konflikte etc. in die Zeichnung hineinprojiziert. So kann das Dargestellte zahlreiche unbewusste Inhalte, strukturelle Elemente der Persönlichkeit des Zeichners zum Ausdruck bringen [5].

Große Aufmerksamkeit fanden in den fünfziger Jahren die Arbeiten von *Victor Loewenfeld* und *Ludwig Münz,* die mit sehbehinderten und blinden Kindern Versuche im Zeichnen und im plastischen Gestalten durchgeführt hatten. Deutlich zeigte sich in den Kinderarbeiten ein großer Anteil an nicht-optischen Zügen, insbesondere der Niederschlag körperlichen, haptischen Erlebens. Anhand der Arbeiten ließen sich auch zwei unterschiedliche Gestaltungstypen feststellen: Ein optischer Typ, der von seiner Umwelt ausgeht und Sehinhalte bevorzugt aufnimmt, im Gedächtnis speichert und seine Bilder darauf aufbaut, und ein haptischer (motorischer) Typ, der sich weniger für die Objekte der Umwelt interessiert als für seine eigene Empfindungs- und Gefühlswelt, dessen visuelle Wahrnehmung beim Gestaltungsvorgang demnach eine geringere Rolle spielt. Ein Vertreter dieses Typs braucht keineswegs blind oder sehbehindert zu sein, aber der Gesichtssinn hat für ihn nur sekundäre Bedeutung (zitiert nach H. Read, S. 143).

Nach Loewenfelds Auffassung (Vom Wesen schöpferischen Gestaltens, Frankfurt 1960) bezieht die Kinderzeichnung ihr Wesen nicht allein aus der Gesichtssinneswahrnehmung (dem Perzept), sondern aus dem im Moment des Gestaltens gefühlsbetont vorherrschenden Konzept. Dieses Konzept ist besonders in der frühen Kinderzeichnung stark ich-gebunden und voll von subjektiven Wertbetonungen. Loewenfeld deutet die „Kunst des Kindes" [6] als Gesamtausdruck des Denkens, Fühlens und der Sinneswahrnehmung.

In seinem Buch „Erziehung durch Kunst" (London 1958) plädiert der bekannte englische Kunsthistoriker *Herbert Read* für eine Erziehung der Jugend durch Kunst, zeigt hierfür Wege auf und stellt ein Programm für Lehrer und Erzieher zusammen. Ausführlich beschäftigt sich der Verfasser auch mit der „Kunst der Kinder" und versucht mit Hilfe psychologischer Typenlehren (C. G. Jung und E. Kretschmer) unterschiedliche Gestaltungstypen nachzuweisen, anhand von Malereien und Zeichnungen eine Unterscheidung zwischen extravertierten und introvertierten Kindern und Künstlern zu treffen. Für die kunstpädagogische Praxis erwies sich dieses Unterfangen als unergiebig, schon allein deshalb, weil es selten Typen in reiner Ausprägung gibt.

Von *Richard Ott* (Urbild der Seele, Bergen 1949) wurde ein ähnlicher Versuch unternommen. Darüber hinaus bemühte er sich, „eine Verbindung und Gleichartigkeit zwischen den Werken der Künstler und der Kinder zu erforschen" (Schule der Kunst – Amerikahaus, München 1950).

Die in den folgenden Jahren erschienenen Schriften vertieften und erweiterten den bisherigen Erkenntnisstand. Einige der Autoren boten darüber hinaus didaktisch-methodische Konzepte für eine kindgemäße bildnerische Erziehung [7].

Durch den wahrnehmungspsychologisch begründeten Beitrag von *Rudolf Arnheim* (1978) zur Interpretation der Kinderzeichnung, und durch die in den achtziger Jahren auch in Deutschland bekannt gewordenen neueren Ergebnisse der Hirnforschung *(Roger Sperry, John C. Eccles)* konnte das Phänomen Kinderzeichnung weiter erhellt werden.

Zusammenfassend lässt sich sagen: Die Kinderzeichnung/Bildsprache des Kindes wurde im Laufe der letzten Jahrzehnte zum Gegenstand intensiven Forschens. Im Wesentlichen ging es dabei immer wieder um die Fragen nach dem Erscheinungsbild der Kinderzeichnung auf den einzelnen Altersstufen, nach der Bedingungsgrundlage des Zeichnens und schließlich nach dem diagnostischen Wert der kindlichen Bildnereien.

So bedeutungsvoll die Bildsprache des Kindes nun für Psychologen und Pädagogen auch geworden ist, so bedeutungsvoll ist das Zeichnen und Malen für das Kind selbst: als eine Hilfe, Wirklichkeitserfahrungen und Erlebnisse zu verarbeiten, als eine Möglichkeit, sich mit der Welt (wozu auch seine Fantasiewelt gehört) auseinander zu setzen. Somit wird das bildnerische Gestalten zu einem wichtigen Ausdrucks- und Darstellungsmittel vor allem für das Vorschul- und Grundschulkind.

Die gute Kinderzeichnung hat auf diesen Stufen aber wenig mit einer Sonderbegabung zu tun. Sie ist vielmehr Spiegelbild der feinmotorischen Entwicklung, der Wahrnehmungsdifferenzierung, der Beobachtungs- und Erlebnisfähigkeit sowie der intellektuellen und emotional-sozialen Reife. Sie bedarf der Anregung, Förderung und Pflege [8].

Zur bildnerischen Entwicklung des Kindes

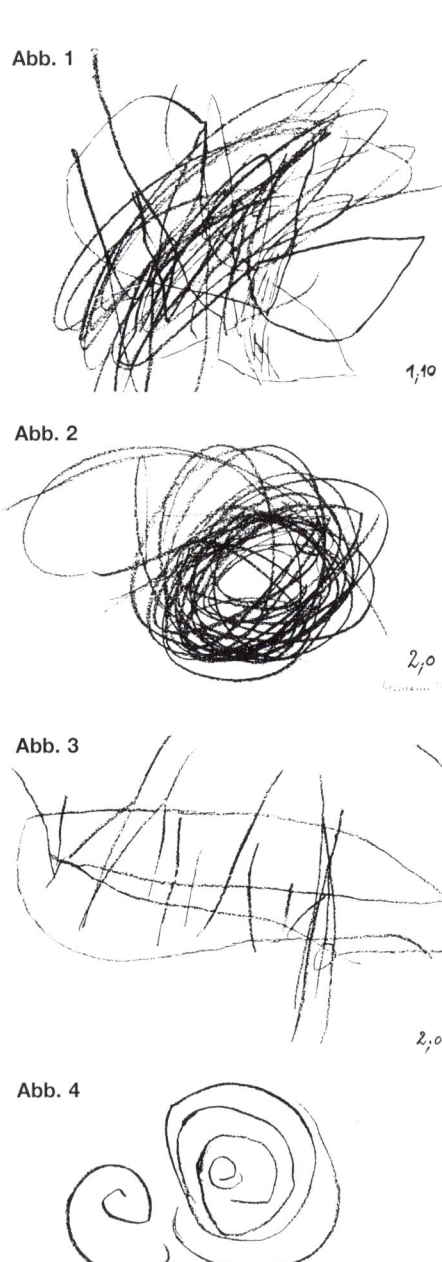

Abb. 1

1,10

Abb. 2

2,0

Abb. 3

2,0

Abb. 4

2,5

Kritzelphase

Mit dem Kritzeln beginnt die bildnerische Entwicklung des Kindes.

Das etwa zweijährige Kind sieht Erwachsene oder ältere Geschwister schreiben und möchte es ihnen gleichtun. Die Freude an der Bewegung, am Spiel mit Stiften und Papier ist zunächst so groß, dass die entstehenden Spuren als solche kaum beachtet werden. Die motorische Komponente überwiegt in dieser Phase derart, dass Kinder z. B. beim Malen mit dem Pinsel die Farben wahllos übereinanderschmieren. Die dadurch entstandene schmutzige Gesamtfarbe stört sie nicht. Das Hantierendürfen bzw. das Funktionelle des Malens als Vorgang interessiert sie viel mehr.

Sobald das Kind aber den Zusammenhang zwischen seinem Tun mit Stift oder Pinsel und den dadurch bewirkten Spuren erfasst hat, führt dieses erregende Erlebnis zu immer neuen Versuchen. Blatt um Blatt wird mit Eifer beschmiert, auf allen möglichen „Aktionsflächen" erscheinen Kritzelspuren.

Die Zeichenmotorik wird indes zusehends verfeinert und koordiniert, und so folgen den ersten Kritzeleien, die oft das ganze Blatt überwuchern, bald dichte – auf einen Teil des Papiers konzentrierte – gleichgerichtete, meist bogenförmige Kritzelstriche (Abb. 1). Durch rasches Hin- und Herfahren, ohne Abheben des Stiftes vom Papier werden sie vom Kinde ausgeführt, wobei während des intensiven „Dicht- und Dunkelmachens" das Papier häufig zerreißt. Meist etwas später entstehen äußerst kräftig und lustbetont ausgeführte dichte

Linienknäuel (Abb. 2). Hierbei handelt es sich um so genanntes Kreiskritzeln, das mehr aus dem Handgelenk heraus erfolgt. Die Kinder kommen – meist zwischen dem 2. und 3. Lebensjahr – ganz von selbst zu diesen kreisenden Bewegungsabläufen. Oft wird der freie Raum in der Mitte des Knäuels mit Punkten ausgefüllt, ja, Punktierungen werden häufig geradezu heftig ins Papier gestochen. Neben solchen Formen entstehen natürlich auch weiterhin zufällige Kritzel, Klecksereien und lang gezogene, fast parallele, vom Körper wegführende Linien. Sicherlich übernimmt aber von nun an mehr und mehr der Formimpuls die Führung gegenüber den reinen Bewegungsabläufen, sodass die ersten Kritzelformen bald von „geformteren" abgelöst werden.

Dieses Formungsstreben des Kindes, verbunden mit der fortschreitenden Verfeinerung und Koordinierung aller beteiligten Muskelfunktionen, erlaubt bald, den bisher unabgesetzten Bewegungsablauf willentlich zu verlangsamen, zu unterbrechen und wieder aufzunehmen. Eine kleinzügigere Strichführung mit der Tendenz zu spiraligen, schlaufenartigen und kreisähnlichen (meist noch offenen) Formen wird dadurch möglich [9].

Gleichzeitig oder etwas später ist das Kind schon in der Lage, mit Zickzacklinien zeilenweise die beobachtete Schreibspur der Erwachsenen nachzuahmen. Es zeichnet auch häufig unregelmäßig sich kreuzende Linien, Kasten-, Kreuz- und Leiterformen (Abb. 3). Dass es sich hierbei um sehr verschiedene motorische Bewegungsabläufe handelt und um „gezieltere" Handlungen, ist offensichtlich. Der kindliche Wille findet in den „gerichteten" Strichen, in Geraden, Zickzacklinien und sich kreuzenden Linien seinen entsprechenden Ausdruck (Erstes

Trotzalter!). Häufig werden vom Kinde all diese Formen über das ganze Blatt hin gleichmäßig verteilt, oft auch überkritzelt und heftig durchgestrichen. Nicht selten wird das „Strichemachen" wochenlang betrieben, werden bestimmte Formen immer wieder aufgenommen und variiert, ja geradezu eingeübt [10].

In den unendlichen Wiederholungen kommt sicherlich die große Freude am Hervorbringen gleicher oder ähnlicher Formen zum Ausdruck. Eine Ordnungstendenz zeigt sich in rhythmischen und regelmäßigen Reihungen und im ausgewogenen Verteilen der Einzelformen auf der gegebenen Zeichenfläche.

Das stete, intensive Üben von Strichen, Punkten und Rundformen führt mehr und mehr zu ihrer Vereinfachung, Klärung und Verbesserung. „Die geistige Komponente setzt sich im Zuge dieser Entwicklung immer stärker durch und wird schließlich zum dominierenden Element des Zeichnens" (Staguhn[1], S. 93).

So vermag denn ein Kind im 3. Lebensjahr bereits absichtlich Kreise, Ovale, gerade und gebogene Linien, Kreuzformen und Vierecke zu bilden. Die bisher vorherrschende Freude am bloßen Hervorbringen von etwas ist nach und nach hinter das Interesse an den entstehenden Formen selbst zurückgetreten. Doch dürfen wir nicht annehmen, es handle sich bei diesen Elementar-Formen bereits um das Darstellen bestimmter Dinge. Das Kind beabsichtigt in dieser Phase noch gar nicht, irgendwelche „Inhalte" wiederzugeben. Es handelt sich hier lediglich um eine Art „abstrakter" Formen, um „Bauelemente" für das später folgende – darauf aufbauende – gegenständliche Zeichnen und Malen. Zu beachten ist ferner, dass sich das Kind diese elementaren Formen in oft unablässigem

Bemühen selbst erarbeitet und sie hin und wieder auch miteinander kombiniert. Auf diese Weise schafft es sich die ersten Zeichenformen für Personen, Tiere und Gegenstände, wie sie in Kinderzeichnungen aus aller Welt in gleicher Weise festzustellen sind [11].

„Die ästhetische Entwicklung des Kindes scheint sich weitgehend monologisch zu vollziehen, das heißt … in einer unabhängigen und sehr privaten Zusammenarbeit zwischen Papier, Stift und Gehirn" (Kellogg, zit. bei Morris, S. 130). [12]
Nach Rudolf Arnheim beruht die Entwicklung der Bildform „auf den Grundeigenschaften des Nervensystems, dessen Wirkung kaum durch kulturelle oder individuelle Unterschiede geändert wird. Aus diesem Grund sehen Kinderzeichnungen aus aller Welt im Wesentlichen gleich aus und gibt es auffallende Übereinstimmungen zwischen den frühen Erzeugnissen der verschiedenen Zivilisationen" (S. 176).
Bevor es jedoch zum eigentlichen Zeichnen und Malen mit Darstellungsabsicht kommt, gibt das Kind seinen geformteren Kritzeleien manchmal einen Sinn. Das heißt, es benennt – vielfach auf Befragen Erwachsener – seine Zeichnung, wobei zunächst noch keine Ähnlichkeit mit bestimmten Dingen festzustellen ist. Aus der jeweiligen Situation heraus oder einem momentanen Einfall folgend, erhält der Kritzelfleck einmal diese, dann jene Bezeichnung oder ein anderer Kritzel kann die gleiche Benennung erhalten wie der erste. Allmählich aber bezeichnet das Kind die entstandenen Formen nicht mehr wahllos, sondern es versucht, sie durch die Benennung zu rechtfertigen. Häufig geschieht dies aufgrund eines kleinen Formteils, das an einen bekannten Gegenstand erinnert, oder aufgrund einer Ähnlichkeit mit amor-

phen Dingen der Natur wie z. B. Rauch, Wasser, Nacht (Meili-Dworetzki, S. 57).
Von Hermann, 2 Jahre und 2 Monate alt (im Weiteren kurz wie z. B. hier 2;2), wurden viele schräg über das Papier ansteigend gezeichnete Linien als Schienen, Zug und fahrende Züge bezeichnet, wobei er jeweils sehr laut die Geräusche anfahrender Lokomotiven nachahmte.
Bald aber fasst das Kind die Gesamtform einer Kritzelzeichnung ins Auge. Aufgrund einer tatsächlichen Ähnlichkeit mit einem Objekt der Wirklichkeit erfolgt dann die entsprechende Benennung. Damit hat aber „das Kind seiner ‚Leistung' die neue Seite der gegenständlichen Bedeutung" abgewonnen (Mühle, S. 48). Es hat erkannt, dass diese selbst geschaffene Form einen bestimmten Gegenstand der Wirklichkeit zu repräsentieren vermag.
So zeichnete z. B. Claudia (2;6) in die Mitte eines Zeichenblattes recht schwungvoll einen großen Kreis, dann ringsherum – dem Blattformat folgend – weitere, jedoch kleinere Kreise. Kaum hatte sie das Blatt in dieser Weise gefüllt, da rief sie freudig erstaunt aus: „Lauter Ball macht!" Der Vorgang wurde eilends und mehrmals wiederholt.
Es ist wohl meistens so, dass der Kreis, sobald er auf dem Papier entsteht, eine Verbindung zu ähnlichen Objektformen der Umgebung eingeht, doch werden zu Beginn des eigentlichen Zeichnens nicht nur runde Objekte mit dem Kreis dargestellt; dies gilt es besonders zu beachten.
Wie sehr sich das zeichnende Kind im Übergang vom nachträglichen Deuten zum vorsätzlichen Zeichnen immer noch von der gerade entstehenden Form leiten lässt, die beabsichtigte Zeichnung also nicht durchführt, soll mit folgendem Beispiel belegt werden. Kathrin (2;7) verkündete laut,

ein Haus zeichnen zu wollen. Sie zog daraufhin mit einem Bleistift einen großen mehrfachen Kreis, sprach „Fensterle nei" und zeichnete zwei nebeneinander liegende kleine Kreise in die umgrenzte Fläche; „und Türe", dabei zog sie einen kurzen Strich quer in den großen Kreis. Jetzt zögerte sie – ein „Gesicht" blickte Kathrin an, und diese war darüber bass erstaunt – dann zeichnete sie rasch zwei kurze senkrechte Striche zwischen die beiden Augen (vorher Fenster) und rief fröhlich: „Mutti macht." Auch in diesem Fall wurde vom Kinde in die entstandene Formstruktur ein ihr ähnliches Objekt der Wirklichkeit hineingesehen. Zwei Kringel zufällig wie ein Augenpaar angeordnet, lassen eben leicht ein Gesicht erkennen. Nun aber weiß das Kind auch, wie man es macht, um die Mutter erneut auf einem Zeichenblatt „entstehen" zu lassen.

Damit wird das bisher gegenstandsfreie oder „funktionale Zeichnen" (Staguhn) verlassen und das auf ein bestimmtes Objekt gerichtete Zeichnen und Malen setzt sich durch. Von jetzt an richtet sich das Interesse des Kindes darauf, das „Gemeinte" immer klarer und eindeutiger herauszubilden bzw. „eine dem Vorstellungskomplex adäquate Form zu entwickeln" (Staguhn[2], S. 49).

Sobald das Kind seine Kritzelzeichnungen nicht mehr willkürlich, nachträglich oder während des Zeichnens benennt, sondern von vornherein einen bestimmten Gegenstand, Vorgang oder eine Situation zu gestalten beabsichtigt, beginnt es erst im eigentlichen Sinne zu zeichnen. Selbstverständlich treten daneben nach wie vor Kritzeleien und Schmierereien auf, und noch lange Zeit finden wir innerhalb gegenständlicher Zeichnungen Kritzelformen, die vielleicht Lustlosigkeit, Ermüdung, Ab

gleiten ins bloße Manipulieren mit dem Zeichenstift u. Ä. andeuten oder aber dazu dienen, die evtl. in der Vorstellung gegebenen dynamischen Momente zum Ausdruck zu bringen.

„Hildegard Hetzers Untersuchungen an Drei- bis Sechsjährigen ergaben über den Übergang vom Kritzeln zum Darstellen Folgendes: Dreijährige sind noch fast durchwegs im Kritzelstadium; nur 10% geben wenigstens nachträglich ihrem Erzeugnis eine Benennung. Von den Vierjährigen hat der dritte Teil während des Zeichnens, ein anderes Drittel schon vor dem Zeichnen die entstehende Darstellung benannt. Die höchste Stufe der Darstellungsabsicht findet sich bei 80% der Fünfjährigen, wobei die Mädchen vor den Jungen und die Kinder der sozial höheren Schichten vor denen tieferer Schichten einen deutlichen Vorsprung zeigen (100% gegen 60%). Bei den Sechsjährigen ist das Zeichnen schon durchwegs eigentliches Darstellen" (zit. nach K. Koch, S. 49). [13]

Erste Zeichnungen von Personen und Dingen

Am Ende der Kritzelphase dominieren in der Regel Rundformen. Die Hebelwirkung der menschlichen Glieder begünstigt eben runde Bewegungen, zum andern spielt das Streben zur einfachen (d. h. runden) Form im motorischen wie im visuellen Verhalten dabei sicherlich eine führende Rolle (Arnheim, S. 146 und 149).

Die Priorität der Kreise finden wir daher auch noch zu Beginn des gegenständlichen Zeichnens und Malens. Mit dem Kreis stellt nämlich das Kind anfangs fast alle von ihm als „ausgedehnt", d. h. flächen-/körperhaft erlebten bzw. erkannten Objekte der Wirk

Abb. 5 **Abb. 6**

lichkeit dar, selbst eckige Objekte wie Haus, Tisch oder Fenster. Die Kreisform findet das Kind, wie gesagt, nicht durch die Nachahmung runder Dinge, die es gesehen hat. So bedeutet der Kreis anfangs keine Rundheit. Er steht vielmehr für die allgemeine Qualität der „Dingheit" (Arnheim, S. 149), m. a. W.: er ist die Zeichenform, die für die Existenz, das Dasein eines Dinges überhaupt steht.

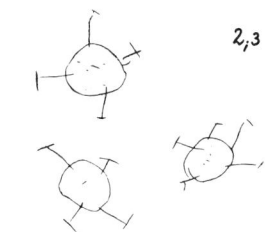

Abb. 7

Wenn das Kind gegenständlich zu zeichnen beginnt, dann vermag es natürlich von den Dingen nur die (zumindest für den kleinen Zeichner) wesentlichen und wichtigen Momente, Seiten und Teile, die allgemeinen Grundzüge oder das Gestaltwichtige zu erfassen und (primitiv) bildhaft darzustellen. Da auf der Stufe des Kreises die Form überhaupt nicht differenziert ist, folgt daraus, dass es absichtliche Rundheit erst dann geben kann, wenn das Kind bereits andere Formen wie Geradheit und Eckigkeit in seinen gegenständlichen Zeichnungen zu verwirklichen vermag (Arnheim, S. 149).

Abb. 8

Da also die frühen Rundformen zunächst für jedes gemeinte Ding stehen können, ergibt sich hieraus eine gewisse Mehrdeutigkeit, die das Kind aber bald zu überwinden trachtet. Es findet rasch ein Ungenügen an dieser Darstellungsform und fügt daher seinen Gebilden näher bestimmende

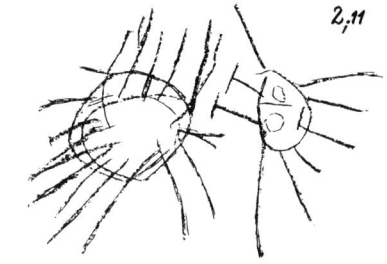

Abb. 9

Formeigenschaften hinzu. So unterscheiden etwa Punkte, kleine Kreise oder Kritzelflecken innerhalb einer größeren Rundform z.B. deutlich ein Haus von einem Ball (siehe Abb. 5, Leute im Haus, Zeichnung der dreijährigen Kathrin; der Kritzelfleck links bedeutet: „Da ist ganz zu").

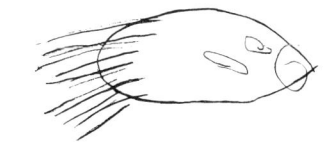

3;2

Abb. 10

Für die Gliederung und weitere Differenzierung der Objekte ist damit noch nicht viel gewonnen. Einen großen Schritt weiter führt dagegen eine Kombination aus Rundform und Strich: „Mit ihr werden die ersten ‚Körperformen' aufgebaut und meist ziemlich rasch zu bestimmten, bildschriftartigen Zeichen verfestigt, die je nach Bedarf verwendet werden" (Mühle, S. 27). Die folgenden Abbildungen zeigen solche Kombinationsformen. Kathrin (2;5) zeichnete damit ihre ersten (nachträglich) als Papa und Onkel benannten – Menschen (Abb. 6), Hermann (2;3) stellt „Mädchen" (Abb. 7) dar, deren Arm- und Beinanordnung wohl noch der zentrischen Symmetrie des Kreises verpflichtet sind, aber doch schon rechtwinkelig zu ihnen gezeichnete Hände und Füße haben. In der „Sonne-und-Vogel"-Zeichnung (Abb. 9, Hermann, 2;11) ist auch beim Vogel die Unterscheidung von Richtungen zwischen „Nase" und „Mund" zu sehen sowie zwischen Beinen und Füßen. Allerdings ist das „Gesicht" in falscher Lage gezeichnet, sobald man die Richtung der Beine damit in Beziehung bringt. Abb. 8 ist die Wiedergabe einer Baumzeichnung der 3;6 Jahre alten Sabine. Der große Kreis stellt den Baumstamm dar, bevor er differenziert wird zum „Hochrund". Von ihm gehen die Äste weg, die am äußeren Ende Früchte tragen.

3;3

Abb. 11

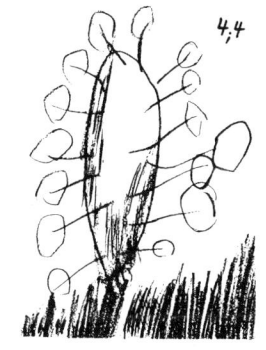

4;4

Abb. 12

Es ist ganz offensichtlich, dass der Aufbau von Gegenstandsformen schon in dieser sehr einfachen Weise einen bedeutenden Fortschritt darstellt. Die weitere Entwick-

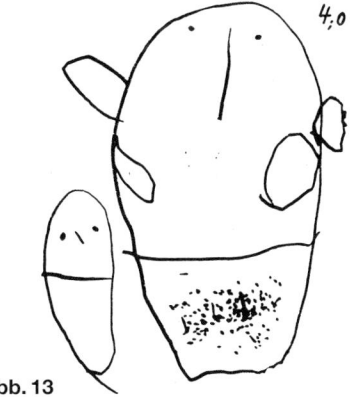

4;0

Abb. 13

lung ist nun dadurch gekennzeichnet, dass in die Rundform selbst Richtungsgehalte aufgenommen werden, d. h. dass sie sich zur Ovalform hin differenziert bzw. zum „Hochrund" oder „Querrund" und weiter zur eckigen Form usw. (Kornmann, S. 10). Den Aufbau von Figuren mit der neu erworbenen Ovalform zeigen die Abbildungen 10 (Fisch, Mädchen, 3;2), 11 („Viech", Kathrin, 3;3), 12 (Baum, Sabine 4;4) und 13 (Männchen, Mädchen, 4;0). Durch die immer deutlicher hervortretenden Richtungsstriche ist zudem eine weitere Differenzierung und bessere Gliederung der Gegenstandsformen gegeben.

Wie selbst komplizierte und ganz verschiedene Dinge mittels des Kreises oder einer Kombination aus verschiedenen großen Rund- und Ovalformen aufgebaut werden, zeigen die weiteren Abbildungen: „Leute im Haus" (Abb. 15, Hermann, 2;4). Das Haus ist aus zwei schwungvoll gezeichneten Langrunden gebildet, wobei die innere Form das Haus bedeutet, die äußere das Dach.

„Mutti mit Einkaufstasche" (Abb. 16, Sabine, 3;9). Hier steht für das Gesicht gar noch ein Kreis, bevor es sich ausgliedert in Nase, Mund und Augen. Die Arme sind bereits im größten Richtungsunterschied zum Körper gezeichnet, an die Handteller sind Rundformen für die Finger angesetzt (die später auch „Richtung" erhalten). Für die Einkaufstasche steht lediglich ein großer Kreis und in ebenso allgemeiner Weise sind die Schuhe als ausgedehnt „beurteilt".

„Vati im Auto" (Abb. 14, Kathrin 3;7). Im vielfachen Umkreisen der Räder kommt nicht nur deren charakteristische Bewegung visuell deutlich zum Ausdruck, sondern es schlägt sich auch die gleiche Armbewegung, die das Kind beim Zeichnen selbst ausführt, darin nieder. „Das Kind

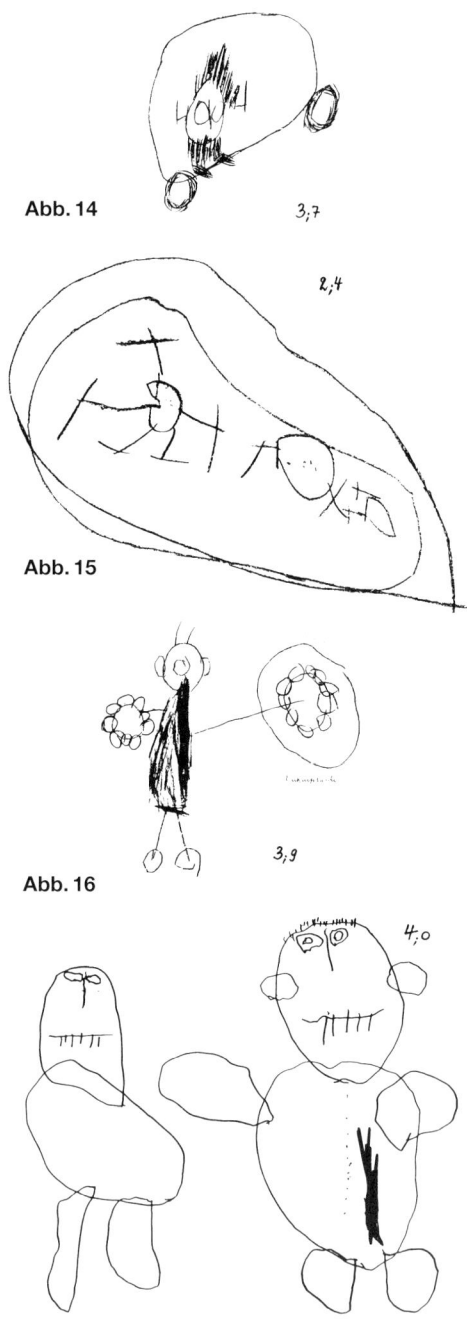

Abb. 14   3;7

2;4

Abb. 15

3;9

Abb. 16

4;0

Abb. 17

16

Abb. 18

rechnet einige Jahre lang den motorischen Akt als Teil der Darstellung" (Arnheim, S. 148). Während das Autogehäuse noch kaum differenziert ist, wird die Vater- Figur bereits in Kopf und Leib gegliedert. Die Arme behalten allerdings ihren gewohnten Platz: sie gehen vom Kopf weg, so wie auf primitiver Stufe, wo diese Rundform noch allein den ganzen Menschen repräsentiert. „Männchen" (Abb. 17, Mädchen, 4;0). Die Kombination aus Rund- und Ovalformen ist deutlich zu sehen. Mund, Nase und Zähne sind als Richtungsstriche verwirklicht, Arme und Beine noch ungegliedert. Bisher wurde hauptsächlich vom „Ausgedehntsein", kaum aber vom „Gerichtetsein" der Dinge gesprochen. Das erste, was vom Kinde über die Beziehung von Rich-

tungen überhaupt „begriffen", d. h. hier anschaulich vorgestellt werden kann, ist die Unterscheidung von Richtungen (Kornmann, S. 7 f.).
Die Unterscheidung scheint dann am konsequentesten durchgeführt zu sein, wenn die unterschiedenen Richtungen zueinander im rechten Winkel stehen. Anders gesagt: Solange der Richtungsunterschied noch nicht differenziert ist, „wird er auf die strukturell einfachste Gestalt gebracht, nämlich den rechten Winkel" (Arnheim, S. 155). Damit wird verständlich, warum alle Gegenstandsformen in frühen Kinderzeichnungen so „schroff gespreizt" erscheinen müssen und selbst Bewegtes starr dargestellt wird [14].
Abb. 18 zeigt die Verwirklichung dieser

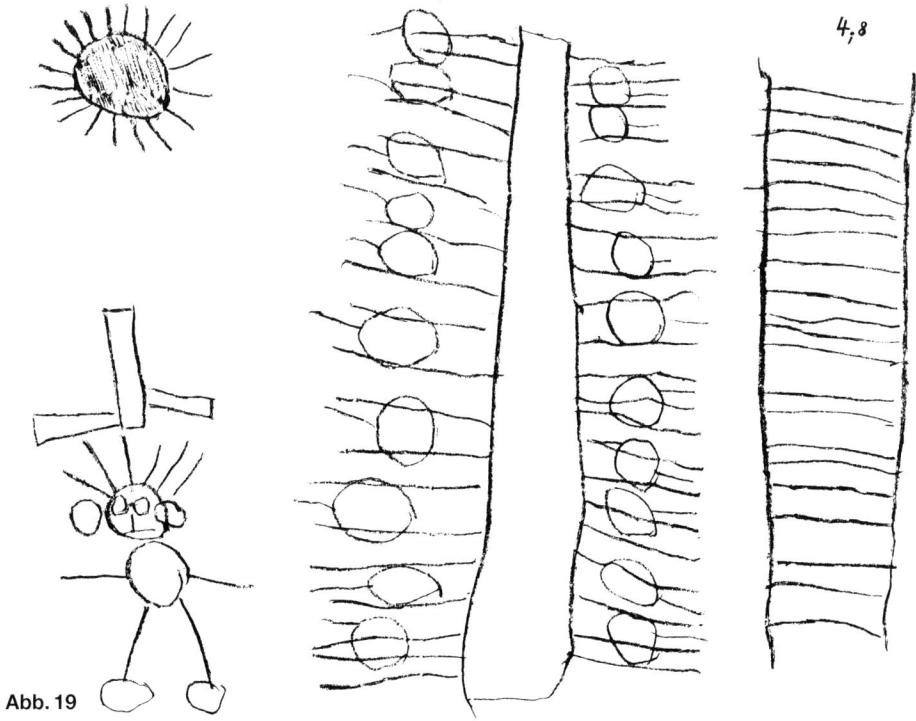

4,8

Abb. 19

Gestaltungsmöglichkeit. Nach einem Wald-spaziergang zeichnete Hermann (2;10) die Szene. Links unten steht „der Jäger, der schießt", links oben der Hirsch. Auf der rechten Bildhälfte sind zwei Jägerhochsitze und zwischen ihnen ein Baum dargestellt. Mit einer Kreisform sind Kopf und Leib des Jägers zusammengefasst, das Gesicht ist le-diglich durch Punkte angedeutet (wie auch beim Hirsch). Von der Kreisform gehen Arme und Beine richtungsunterschieden weg. Mit der Richtung der Arme, die schroff vom Körper abstehen, wird nun aber nicht eine besondere Armstellung – etwa die Ges-te der Freude – ausgedrückt; vielmehr wird hiermit nur auf das deutlichste dargestellt, dass zwischen der Richtung der Arme und des „Kopf-Leibes", von dem sie ausgehen, ein Unterschied besteht.

Auf primitiver Stufe wird dieser eben durch den rechten Winkel ausgedrückt, wie das auch bei der Darstellung der Hände bzw. Finger geschehen ist. Der Hirsch ist ganz nach dem Prinzip des rechten Winkels gestaltet; die vier Beine stehen im größten Richtungsunterschied zum Körper; damit wird deutlich gesagt, dass das Tier auf bei-den Seiten des Leibes zwei Beine hat, die oberen zwei sind nur aus Platzmangel so klein geraten. Der Baum ist in ebenso ein-facher Weise gezeichnet: Zur senkrechten Richtung des Stammes stehen die Äste im rechten Winkel.

Abb. 19 (Junge, 4;8) zeigt einen Apfel-baum, eine Leiter, eine Sonne und einen Mann mit Hut. Auch hier fällt die gleiche strenge „visuelle Logik" (Arnheim) auf, mit der das Bild aufgebaut ist.

Abb. 20: Schematische Darstellung der bildnerischen Entwicklung von Kritzelformen (1) über Elementar- und Kombinationsformen (2 und 3) zu ersten gegenstandsbezogenen Formen (4) – auch Sinn-Zeichen genannt – für Mensch (a), Baum (b), Tier (c) und Haus (d). Diese Sinnzeichen enthalten allgemeine Wesenszüge bzw. wichtige Struktureigenschaften des jeweils „Gemeinten" [17].

In der Regel werden in früheren Kinderzeichnungen jedoch nur die einzelnen Gegenstände mittels der horizontal-vertikalen Beziehung ausgearbeitet, nicht aber wird dieses Prinzip auch schon gleich auf den ganzen Bildraum angewandt, sodass die Figuren noch in der Fläche zu „schwimmen" scheinen, d. h. keine feste Lagebeziehung zu den Nachbarfiguren und der rechteckigen Begrenzung des Blattformats haben.

Wie selbst noch auf höherer Stufe das Prinzip des rechten Winkels vorherrschen kann, zeigen die Abbildungen 24 und 25. Im Laufe der bildnerischen Entwicklung genügt dem Kinde aber die bisherige Darstellungsweise nicht mehr, denn damit lässt sich z. B. eine stehende Person von einer sich bewegenden nicht klar genug unterscheiden. Lange Zeit sind daher zusätzliche Worterklärungen nötig, um das Gemeinte dem Betrachter verständlich zu machen. Erst die Einbeziehung schräger Richtungen erlaubt diese Absicht auch bildnerisch zu verwirklichen (Tafel 2, Reiter, Junge, 6;0, Der König geht in seinem Wald spazieren, Kathrin, 5;7).

Doch geht kein Kind zur Darstellung von schrägen Richtungsbeziehungen über, bevor es nicht die einfachsten Winkelbeziehungen visuell zu beherrschen gelernt hat (Arnheim, S. 157). Dann aber werden schräge Richtungen auf alles angewandt, was das Kind zeichnet, d. h. wenn sie im Objekt der Darstellung vorhanden sind. „Der rechte Winkel wird nun ein Sonderfall mit einer besonderen Bedeutung" (Arnheim, S. 157). Aufgrund dieser neuen Gestaltungsmöglichkeit werden die Zeichnungen der Kinder sichtlich lebensnäher und reicher.

Auch die Einzelformen sind besser gegliedert und verfeinert. Die „Steifheit" der frühen Kinderzeichnung ist nun überwun-

den, doch hätte die jetzige Stufe ohne die vorherige nicht erreicht werden können [15].

Verfestigung der Bildzeichen

Charakteristisch für das bildnerische Verhalten des Kindes ist weiterhin das Festhalten an einmal erarbeiteten Zeichenformen für gemeinte Objekte; dies ist auf jeder Gestaltungsstufe zu beobachten. Die Verfestigung der Zeichen (sog. Schematisierung) ist aber ein entwicklungsnotwendiger Vorgang, insofern er „... das jeweils Erreichte (Erlernte) im Sinne des ‚Könnens' verfügbar macht" (Mühle, Spalte 571). Darüber hinaus beweisen Loewenfelds Untersuchungen, dass das kreativ gestaltende Kind „... keinem starren Schema verfällt, sondern dieses nach seinem ureigenen Erleben formend mit einbezieht in den Erlebnisbereich seines Schaffens" (S. 88). [16]

Dominanz nichtoptischer Züge

Die ersten Zeichnungen der Kinder haben kaum oder nur geringe Ähnlichkeit mit dem Dargestellten. Dies liegt daran, dass nur das in die frühe kindliche Bildgestaltung eingeht, was das Kind an einer Sache, Person, einem Vorgang etc. als wesentlich erlebt.

„... *kindes*wesentlich aber kann je nach Entwicklungshöhe des Kindes und den Umständen bald Sichtbares, bald Gewusstes sein (z. B. Rückseite, Unteres, Inneres). Kindeswesentlich sind vor allem auch Außeroptisches, besonders Taktil-Motorisches – so die Tast- und Bewegungserlebnisse der mit dem Gegenstand umgehenden Hand – und hierbei vornehmlich Gefühl und Gefühlsartiges. Kindeswesentlich ist demnach auf frühen Stufen oft weniger der darzustellende *Gegenstand* selbst als vielmehr seine *Funktionsweise* und besonders der Umgang des Kindes mit ihm" (Volkelt, S. 294); vergl. Abb. 5, 21, 22 und Anmerkung 19.

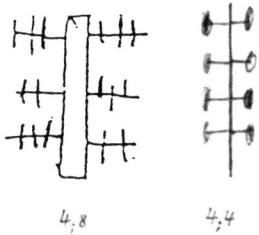

4,8   4,4

Abb. 23: „Frühe" Baumzeichnungen

Größe und Proportion, Ausdrucksproportion (Überbetonungen)

Es fällt besonders auf, dass Kinder beim Zeichnen und Malen die Größenverhältnisse der Dinge nicht oder kaum beachten. Die Größe ist anfangs noch nicht differen-

Abb. 21: Reiter. Mädchen 3;9 Jahre. Das Oval ist das Pferd, und die waagerechte Linie bedeutet „das, worauf der Mann sitzt" (aus: Arnheim[2], a. a. O., S. 240). Das Pferd ist hier eben nur „etwas zum Reiten" – eine der unmittelbaren Erfahrung entsprungene Darstellung.

Abb. 24

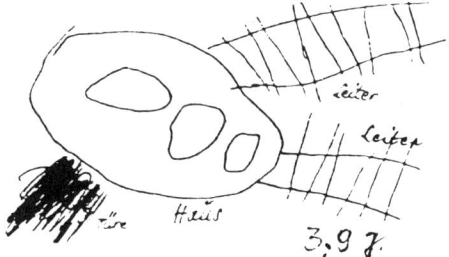

Abb. 22: Haus mit Leitern und „Türe, die geht auf und zu". (Türe = Kritzelfleck). Junge, 3;9 Jahre. Hier zeigt sich erneut, dass in der frühen Kinderzeichnung Seherlebnisse und Empfindungen taktilmotorischer Art ihren Niederschlag finden [18].

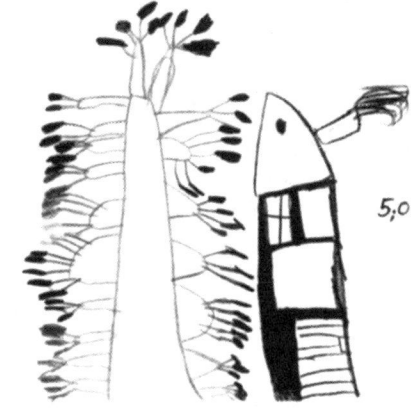

Abb. 25

3;6

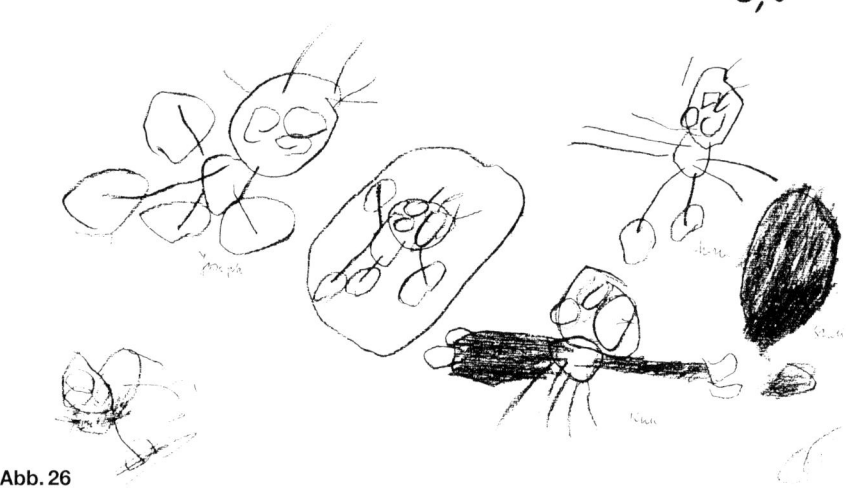

Abb. 26

ziert (vergl. „Ausdehnung" und „Rich-tung"). Dem bildnerischen Entfaltungspro-zess entsprechend, der vom Allgemeinen zum Besonderen bzw. von einfacher zu komplexer Formbildung verläuft, werden auch „die Größenverhältnisse zuerst in der strukturell einfachsten Weise dargestellt, d. h. durch Gleichheit" (Arnheim, S. 162). So zeichnete z. B. der kleine Hermann län-gere Zeit Arme und Beine bei Menschen stets gleich groß bzw. gleichwertig (Abb. 7), und Sabine stellte in ihrer Zeichnung von der Geburt Jesu (Abb. 26) die einzelnen Körperteile der Josefsfigur gleich groß dar, ebenso die Gesichtsteile. Erst wenn das Kind die inhaltliche Notwendigkeit einer Differenzierung erkennt, gibt es diese pri-mitive Gestaltungsweise zugunsten einer „reiferen", höher strukturierten auf.
Besonders deutlich kommt dieses Gleich-wertigsein bzw. Gleich-groß-Zeichnen von Dingen unterschiedlicher Größe auch in frühkindlichen Baumzeichnungen zum Ausdruck. In Abb. 23 erhalten alle Äste ihre gleiche Größe, ihre gleiche Richtung

und ihren gleichen Abstand. Jeder Ast ist dem Ganzen in klarer Beziehung zugeord-net, jeder ist gleicher Teil im Ganzen, d. h. die Äste sind noch nicht untereinander dif-ferenziert. Ihre Gleichheit wird dadurch anschaulich verwirklicht, dass sie den glei-chen Abstand voneinander haben. Das Kind ist stets um ein einfaches, klar und überschaubar aufgebautes Bild bemüht und vermeidet deshalb ein Überdecken oder Überschneiden der Formen für lange Zeit [20].
„Das Kind beginnt also mit der Phase der Indifferenz, in der alle Größen gleich sind" (Arnheim, S. 163). Eine Differenzierung der Größenverhältnisse erfolgt dann zu-nächst innerhalb eines einzigen Objekts, dann erst innerhalb eines Bildzusammen-hanges. So gibt Abb. 27 die Zeichnung eines 5;3 Jahre alten Jungen wieder, der hier noch keinen Größenunterschied zwi-schen den Objekten macht; innerhalb der Einzelgegenstände ist die Größendiffe-renzierung jedoch weitgehend durchgeführt. Im Allgemeinen wird angenommen, das

Abb. 27

Kind beachte die richtigen Proportionen deshalb nicht, weil es die Größenverhältnisse der Objekte nur nach subjektiver Wichtigkeit beurteile. Es zeichne also das groß, was ihm wichtig ist, was es emotional stark erlebt habe. „Typische, besondere und wichtige Merkmale werden zeichnerisch-formal übersteigert wiedergegeben, weil sie in der Vorstellung dominieren" (Staguhn[1], S.123). Allgemein wird dieses Phänomen als Ausdrucksproportion bezeichnet [21].

Abb. 28 ist ein besonders treffendes Beispiel für diesen Zusammenhang von expressiv-formaler Übersteigerung und erlebnisbestimmter Vorstellung. Hermann (5;1) fertigte die Zeichnung nach einer zahnärztlichen Untersuchung im Kindergarten. Sein Kommentar: „Der Zahnarzt sitzt auf dem Stuhl und schaut dem Buben in den Mund und ist entsetzt, dass er so schlechte Zähne hat." Der Bub ist er selbst. Schon Tage vorher hat ihn die angekündigte Untersuchung beschäftigt und er hat dann auch besonders gründlich seine Zähne geputzt, während er dies vorher trotz gütigen und begründeten Zuredens vonseiten der Mutter nicht oder nur selten tat. Wie wichtig er sich selbst nun bei der Untersuchung vorkam, wird durch das Größenverhältnis Hermann zu Zahnarzt im Bilde deutlich. (Vergleiche auch Abb. 38, Überbetonung der Arme, des Fingers.)

In vielen Fällen dürfte es jedoch schwierig sein, den wahren Grund für solche Unproportioniertheit herauszufinden. Wie bereits erwähnt, ist zu Beginn des gegenständlichen Zeichnens und Malens die Größe noch nicht differenziert und dies führt dann „zu unterschiedslos groß oder klein

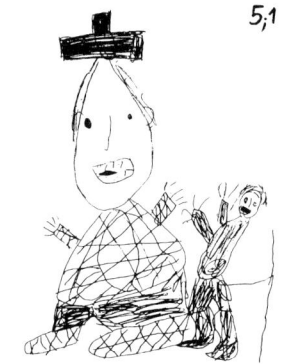

5;1

Abb. 28

Abb. 29

4;6

Abb. 30

gezeichneten Dingen, weil dieser Unterschied noch nichts bedeutet" (Arnheim[1], S. 164). In der schon erwähnten Zeichnung von der Geburt Jesu (Abb. 26) ist dies deutlich zu sehen. Stall, Krippe, Kuh und Figuren sind in ihrer Größenbeziehung zueinander noch nicht unterschieden bzw. sie ist dem Kinde gar nicht wesentlich. Zum anderen ist das Nicht-Proportioniertsein auch durch den Zeichenprozess selbst bedingt. Irgendwo auf dem Zeichenblatt beginnt das Kind zu zeichnen, sodass für die übrigen Bildteile einmal mehr, ein ander Mal wenig Raum zur Verfügung steht. Teilformen fallen dem entsprechend zu groß oder zu klein aus. Außerdem zeichnen die Kinder ihre Figuren nicht in einem Zuge, sondern setzen sie aus einzelnen Teilen zusammen. Dabei richtet sich die Aufmerksamkeit besonders des jüngeren Zeichners ganz auf den zu gestaltenden Bild-Teil, ohne dabei dessen Größe und Funktion im Verhältnis zu den übrigen Teilen bzw. zum Ganzen zu beachten. Auf Abb. 29 ist dies deutlich an den Hälsen zu sehen [22].

Auch der Kopf der „Vater"-Darstellung in Abb. 30 (Mädchen, 4;6) ist natürlich wie bei fast allen Menschenzeichnungen viel zu groß ausgefallen im Verhältnis zu den übrigen Körperteilen. Mit ihm hat das Kind die Zeichnung begonnen und alle anderen Teilformen dann stückweise angefügt. Wenn ich darauf hinweise, dass die Kreisform ursprünglich für den ganzen Menschen „steht", dann wird verständlich, dass der Kopf noch lange Zeit zu groß gezeichnet wird, denn diese erste Auffassungs- und Darstellungsweise des Kindes klingt noch lange nach. Zudem dominiert der Kopf in seiner Vorstellung vom Menschen. Schließlich ist in ihm auch zeichnerisch viel unterzubringen – Augen, Nase, Mund – und dazu ist eben ausreichend Platz nötig.

„Die besondere optische Eindringlichkeit des Gesichts, seine Differenziertheit geben ihm einen Vorzug gegenüber anderen Körperteilen. Hinzu kommt, dass innerhalb des Gesichts sich eine erhöhtere Bewegungsvielfalt ergibt als an irgendeiner anderen Stelle des Körpers" (Daucher, S. 124). [23] Hin und wieder werden die Formen auch aus Laune, nur so zum Spaß vom Kinde überbetont; aber auch Ermüdungserscheinungen können der Grund für unproportionierte Formbildung sein, ebenso Schwierigkeiten bei der zeichnerischen Bewältigung.

Abb. 31

Abb. 32

Abb. 33

Abb. 34

Bewegungsdarstellung

Auf früher Gestaltungsstufe ist dem Kinde die Darstellung der Bewegung und des Zueinanders der Figuren nicht möglich. Wohl richtet sich sein Interesse zum größten Teil auf Sich-Bewegendes, wohl ist besonders der tätige Mensch wesentlicher Inhalt seines Erlebens und Gestaltens, und doch sind seine Bilder rein statisch. Die Figuren erscheinen dem Betrachter beziehungslos und starr. Dass sie vom Kinde selbst in den meisten Fällen aber als bewegt, als handelnd gemeint sind, erfahren wir aus seinen oft sehr lebhaften mündlichen Erklärungen.

Das Bedürfnis, die Figuren in Bewegung zu setzen und miteinander in sichtbare Beziehung zu bringen, ist schon früh zu bemerken. Auf primitiver Gestaltungsstufe finden die Kinder dann oft recht originelle Lösungen für die Darstellung erlebter Fremdbewegung, indem sie sich mit indirekten Kennzeichen behelfen. So stellte ein 4;6 Jahre altes Mädchen ein „Ringelreihenspiel" von drei Kindern dar (Abb. 31): Das Problem des Händehaltens und der Rund-

25

1   5;4

2   5;2

3   6,0

4   6;2

5   5;4

6   6,0

7   6,0

8   4;6

9   5,4

Abb. 35

26

umbewegung löste es ganz einfach durch mehrfaches Umkreisen der drei Figuren mit dem Stift.

Eine ähnliche „motorische" Lösung fand auch Hermann (3;3), um einen Omnibus in voller Fahrt zu zeigen (Abb. 33): Er umkreiste einfach mehrmals – dabei Motorgeräusche nachahmend – die Radformen.

Hin und wieder lässt sich auch das Bemühen der Kinder erkennen, eine Tätigkeit oder Begebenheit in ihrem Ablauf, d. h. in mehreren Phasen, darzustellen (Abb. 36). Dass die Gewehrkugel ihr Ziel erreicht und welchen Weg sie zurücklegt, wird in dieser Zeichnung vom „Jäger im Walde" unmissverständlich „gesagt" (Hermann 4;8). [25]

Solange nun das Kind bewegte Figuren nicht zeichnen kann, hilft es sich oft auch durch Verbindungslinien zwischen Figuren oder einer Figur und Sache. Dabei bleiben die Figuren in Frontalstellung (Abb. 32).

Der arbeitende Mensch (Abb. 35, Figuren 2 und 8) erhält das entsprechende Arbeitsgerät. Es wird anfangs noch in einem gehörigen Abstand zur Figur gezeichnet, nur eben in „Beziehung" gebracht, später aber dann mit ihr eng verbunden.

Um die Bewegungsdarstellung zu verwirklichen, bedarf es der Fähigkeit, die Figuren in seitlicher Darbietung, also im Profil, und die Körperteile und Gliedmaßen klar in ihren verschiedenen Richtungen zueinander und im Bewegungssinne zeichnen zu können.

Eine Seitenwendung der Figuren beginnt häufig zuerst mit der Wendung der Füße in die gleiche Richtung nach links oder rechts und mit einem schroffen Weg der beiden Arme vom Körper, ebenfalls in gleicher Richtung. Kopf und Leib bleiben nach wie vor von vorne gezeichnet, weil für Kinder

dieser Stufe das „Vollgesicht" eben wesentliches Merkmal des Menschen ist. Auch mit dem Rücken zum Betrachter stehende Figuren würden sie in dieser Weise darstellen. Die Hinzunahme schräger Richtungen bringt einen weiteren Fortschritt, ermöglicht das Ausstellen der Beine, das „Schräg-Hinauf-und-Hinunter" der Arme in gleicher und verschiedener Richtung und ergibt insgesamt bewegtere Figuren. Arme und Füße (bzw. Schuhe) können dabei auch noch in gegensätzliche Richtungen weisen, da das Kind nicht schon zugleich die richtige Beziehung der Bewegungen einzelner Glieder untereinander berücksichtigen kann (Abb. 35, Figuren 1 und 5). Es beginnen sich also zunächst mehr die einzelnen Glieder zu rühren.

Mit der Wendung des Kopfes und Rumpfes ins Profil (im Übergang Mischprofile, Abb. 35, Figuren 1, 3, 5, 6 und 7) ist dann die Darstellung der Figuren in der Seitensicht erreicht und damit auch die Voraussetzung zur Kenntlichmachung der Bewegung und des Zueinanders der Figuren gegeben.

Eine entsprechende Aufgabenstellung fördert diesen Entfaltungsprozess ganz besonders (Abb. 38, 53, 54). Solche Darstellungen zeigen, dass die Ansatzstellen der Arme am Körper sehr verschieden sein können. Vom objektiven Standpunkt aus sind sie natürlich falsch. Funktion und Proportion der menschlichen Glieder werden eben noch nicht begriffen und beachtet. Die Erfahrung, dass man für manche Bewegungen und Tätigkeiten die Arme und Beine an Ellbogen und Kniegelenken abwinkeln muss, kann das Kind erst später nützen. Vorher biegt es den Arm, der etwas greifen soll, einfach bogenförmig zurecht, oder zeichnet ihn so lang, dass er die beabsichtigte Stelle erreichen kann (Abb. 35, Figur 6

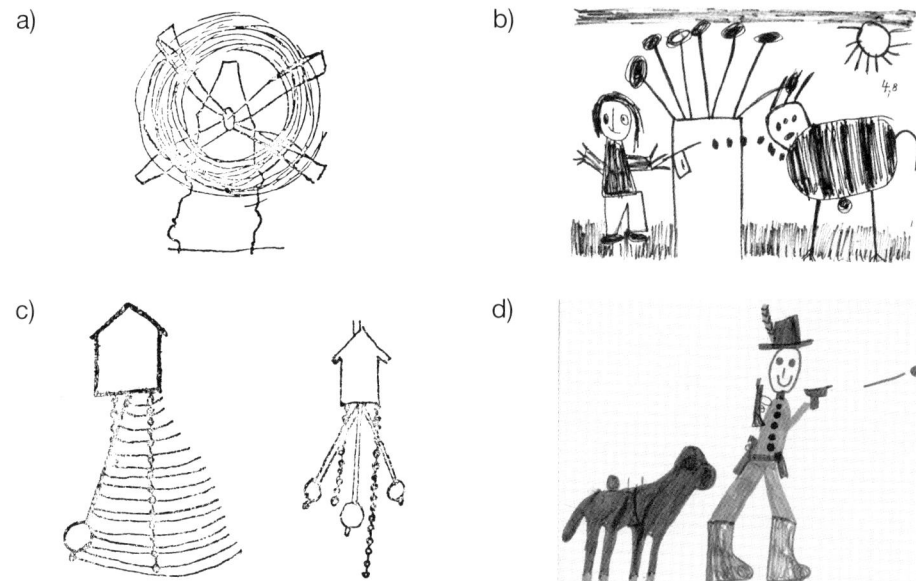

Abb. 36: Darstellung erlebter Fremdbewegung [25].
a) Windmühle (Aus: Plarre, a. a. O.)
b) Jäger schießt auf Hirsch. Junge, 4;8

c) Pendeluhr (Aus: Plarre, a. a. O.)
d) Jäger mit Hund. Junge, 7;3

Es handelt sich um Versuche, einen Vorgang, eine Tätigkeit in ihrem Ablauf, d. h. in Phasen darzustellen. Bei b) markieren mehrere Gewehrkugeln den Weg zum Ziel, bei d) zeigt ein Strich den Lauf der Kugel an.

und Abb. 38). Ähnlich verfährt das Kind mit den Beinen, wenn die Figur etwa sitzen, gehen oder knien soll (Abb. 35, Figuren 3 und 4). Sehr selten wird der Rumpf gebogen oder geknickt; er bleibt lange Zeit steif. Vereinzelt bekommt aber auch ein noch ganz frontal aufgefasster Körper einfach die gewünschte Biegung zur Seite (Abb. 53 d). Ein weiterer Fortschritt ist gegeben, wenn über die Körperform hinweg ein Arm gezeichnet, also eine Überschneidung gewagt oder der Rumpf bereits in Seitensicht gezeichnet wird.

Die hier besprochenen Beispiele sind nur die wichtigsten Arten der Bewegungsdarstellung. Innerhalb dieser gibt es zahlreiche Abwandlungen.

Lange Zeit genügen dem Kinde die vorgenannten Möglichkeiten. Erst später, beim Sieben- bis Achtjährigen, erwacht das Bedürfnis nach „richtiger" Bewegungsdarstellung [24].

Will nun das Kind sich bewegende Tiere zeichnen, verfährt es ähnlich. Nur ist es in diesem Falle etwas einfacher, da schon früher als bei der menschlichen Figur die Seitendarstellung als die charakteristische Gestalt des Tieres erreicht wird. Das Tier (ganz allgemein) unterscheidet sich in der Kinderzeichnung vom Menschen vor allem durch die waagerechte Erstreckung und anfänglich durch eine Vielzahl von Beinen, die im größten Richtungsunterschied zum Körper gezeichnet sind. Meistens erfolgt

a) Junge, 7 Jahre   b) Junge, 5;6 Jahre

Abb. 37 a, b:
a) Die Zeichnung stammt aus dem 13. Jh. Ein Junge hat Buchstaben in Birkenrinde graviert, „um sich dann im Entwerfen von Kopffüßlern mit Harkenhänden zu ergehen, wie sie für Kinderzeichungen zeitlos charakteristisch sind" (Aus: „Frankfurter Allgemeine Zeitung" vom 15. Dez. 2001. Archäologische Funde aus Nowgorod).

b) „Faschingsprinz" von einem 5;6 Jahre alten Jungen (eines Kindes unserer Tage) mit Farbstiften gezeichnet.
Sicher ist, dass die Entwicklung des Zeichnens und Malens von der kulturellen Umgebung stark beeinflusst wird. Doch gibt es in der Frühphase der kindlichen Bildnerei Formen (obligate Muster), die bei allen Kindern in gleicher Weise auftreten.

dann eine Querverlagerung des Kopfes, dem wichtige Attribute wie Schnabel, Schnauze und lange Ohren hinzugefügt werden. Mit der wichtigsten Unterscheidung der Tiere nach Zwei- und Vierbeinern erfolgt bei letzteren die paarige Anordnung der Beine, und durch Schrägstellen der Beinpaare gegeneinander wird dann unmissverständlich Bewegung sichtbar, ebenso durch eine besondere Kopfhaltung und dem nach oben oder unten gerichteten Hals.
Abb. 34 zeigt die Zeichnung eines 4;8-jährigen Mädchens. Ob die Kleine im Eifer des Darstellens statt der vier Beine eben vier schräg gestellte Beinpaare zeichnete oder ob sie durch „viele" Beine das Galoppieren

des Pferdes besonders verdeutlichen wollte, lässt sich nachträglich nicht mit Sicherheit entscheiden. Der reitende Indianer ist jedenfalls sichtlich in großer Eile.
Später werden die Beine sich bewegender Tiere auch gebogen dargestellt und im Schulalter bereits in den Gelenken abgewinkelt (vgl. die Abbildungen auf Seite 118).

Farbunterscheidung, Gegenstandsfarbe

Während der Kritzelphase beachtet das Kind die Farbe als solche nicht. Es ist völlig willkürlich in der Wahl seiner Farben und würde auch mit weißer Farbe auf weißem

a)   b)

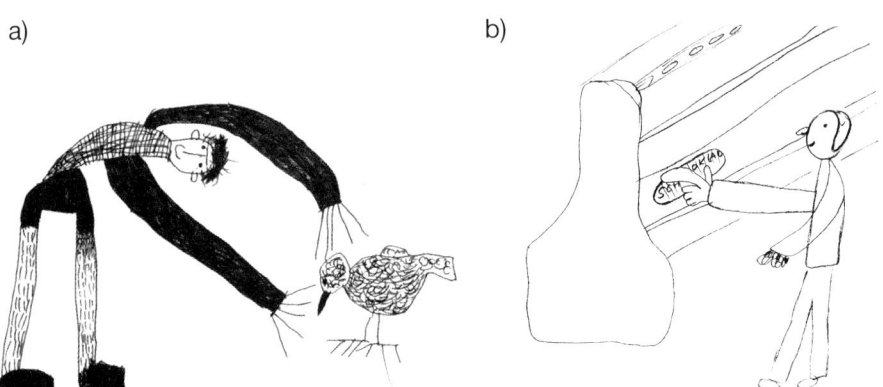

Abb. 38 a, b: Ausdrucksproportion, hier: Überbetonung der greifenden Arme (a) und des auf die Taste drückenden Fingers (b). In beiden Fällen: Übertragung eigener Körperempfindung.
Es gibt Kinder (motorischer, haptischer Typ), die sich mehr für ihre eigenen Empfindungen interessieren, deren visuelle Wahrnehmung beim Gestaltungsvorgang somit eine geringere Rolle spielt.

Papier malen, so sehr ist es am rein Funktionellen des Zeichen- und Malvorganges interessiert.

Auch wenn das Kind bereits die Grundgestalt der verschiedenen Dinge zu bilden vermag, ist es ihm noch immer gleichgültig, ob es dazu Bleistift oder Pinsel und Farbe verwendet. Es geht ihm zunächst immer nur um die Form, um die Gestalt eines Dinges; es genügt ihm deshalb für lange Zeit eine beliebige Farbe für sein Gestalten. Häufig ist es die „Lieblingsfarbe" oder eine helle, warme Farbe.

Erst wenn dem Kinde die Farbigkeit der uns umgebenden Realität bewusst geworden ist, malt es seine Bilder äußerst bunt: Häuser blau, grün, rot; Köpfe blau; Wasser gelb; Bäume rot usw. Dieses undifferenzierte Malen in rigorosen *Farbgegensätzen* (Meyers), dieses krasse Unterscheiden der Farben ohne Rücksichtnahme auf die Eigenfarbe der Dinge, ohne besondere Übergänge und ohne Nuancierung ist typisch für den Malanfänger. Meistens verwendet er die „reinsten" Farben (Gelb, Rot, Blau, Grün) doch gibt es auch Kinder, die bereits auf frühester Stufe beim Malen eine sehr persönliche Farbwahl treffen [26].

„Die Farbunterscheidung ist im Grunde die natürliche und von allen Kindern bei gegenständlich-inhaltlichen Themen eine selbstverständlich angewandte farbige bildnerische Ordnung. In allen diesen Fällen wird die Farbe vornehmlich als Mittel der formalen und inhaltlichen Flächen- und Gegenstandsunterscheidung verwendet. Je klarer sich die einzelnen nebeneinander liegenden Farbflächen voneinander abheben, desto eindeutiger wird in den meisten Fällen die Darstellung" (Staguhn[2], S. 249). [27]

Gegen Ende der Vorschulzeit kommt es in der Regel zu ersten Farbzuordnungen: Das Kind misst den Gegenständen seines Bildens ihre Gegenstands- bzw. Lokalfarbe zu. Himmel und Wasser werden von jetzt

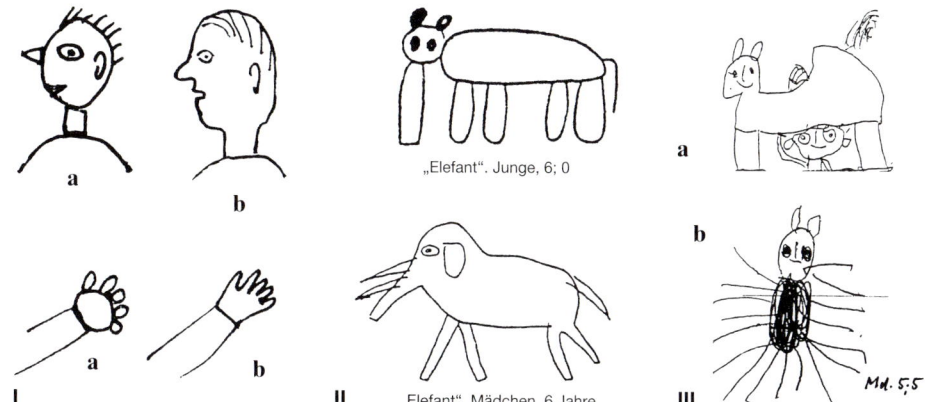

I   **II** „Elefant". Mädchen, 6 Jahre   **III**

„Elefant". Junge, 6; 0

Abb. 39: Integration: Mit der Zeit gehen Kinder dazu über, Teilformen eines Objektes durch eine gemeinsame Umrisslinie miteinander zu verbinden bzw. zu verschmelzen (Figuren I und II). Anthropomorphe Züge. Figur III a): Pferd, darunter Reiter. Mädchen, 5;6. Figur III b): Spinne. Mädchen, 5;5 [29].

an blau, Hausdächer rot, Baumstämme braun. Blätter grün gefärbt usw. [28].

...änger gibt nun wohl den Din... ...harakterisierende Farbe, doch ...kein Bedürfnis, die Farben zu ...önen" zu mischen. Die Farben ...eben noch fast ausschließlich ...en Unterscheidung der Gegen... ...d ihrer Teile) im Bilde, und das ...auch mit wenig differenzierter ...wirklichen. Konkret handelt es ...n Ausmalen der Formen.

Die weitere Entwicklung ist bestimmt durch ein allmählich sich verfeinerndes Farbdifferenzierungsvermögen, „dem Bedürfnis nach Farbnuancen und der technischen Fertigkeit, Farben zu mischen. Das alles sind Fähigkeiten, die nur langsam erworben werden, die u. U. sogar dem Bedürfnis beträchtlich nachhinken" (Meyers[2], S. 186). [30]

Zum Abschnitt Farbunterscheidung siehe die Farbtafeln S. 97 ff.

Raum- und Körperdarstellung

Zu den schwierigsten Aufgaben der bildenden Kunst gehört die Darstellung des Raumes. Dem Künstler stehen dabei u. a. folgende Mittel der mathematischen, der Farb- und Luftperspektive zur Verfügung, um beim Betrachter die Illusion der Raumtiefe (auf der zweidimensionalen Fläche) hervorzurufen:

1. Die Verkleinerung der Gegenstände nach der Tiefe hin,
2. die Überschneidung der Dinge,
3. die Auflösung der Kontur und die Verwischung der Gegenstandsstrukturen,
4. das Verblassen und Verblauen der Farben zur Tiefe hin …

Aus dem bisher Dargelegten dürfte ohne weitere Erörterung verständlich sein, dass die Kinder ein solch perspektivisches Denken bzw. Sehen nicht kennen, dass die Mittel, wie unter Punkt 3 und 4 angeführt, außerhalb ihres bildnerischen Denkens lie-

31

Abb. 40

Handwritten annotations in the drawing:
1. Schjahr *9;0* *7,0 Knabe* *9 Jahre* *3. Shj.* *Aus einem 4. Schjahr*

Abb. 41: Tischdarstellungen von Grundschülern (1.–4. Klasse). Auch im Grundschulalter gibt es bei der Darstellung körperhafter Objekte Zwischenstufen bzw. „Gestaltzwitter"; s. S. 115 f.

gen. Das Kind geht eigene Wege, um seine Raumerfahrungen und -vorstellungen, d. h. die Beziehungen der Dinge und Personen im Raum, ihr Neben- und Hintereinander gestalthaft zum Ausdruck zu bringen. Zunächst zeichnet es die einzelnen Dinge wahllos verstreut auf die als unbegrenzt angesehene Zeichenfläche. Die einzelnen Figuren sind nicht aufeinander bezogen; wo eben noch eine freie Stelle ist, finden sie ihren Platz. Dabei dreht das Kind auch das Zeichenblatt, wenn es die Objekte dadurch leichter zeichnen kann. Rechts und links oder unten und oben auf dem Blatt werden noch nicht unterschieden.

Ein erstes Ordnen auf der Fläche erfolgt, wenn der kleine Zeichner alle seine Figuren auf dem als begrenzt erkannten Zeichenblatt von einer Sicht aus, d. h. mehr auf sich hin bezogen, zeichnet. Dabei sind die Gegenstände immer noch über die Fläche verteilt, sodass ein Zusammenhang zwischen den gezeichneten Dingen schwer zu erkennen ist.

Ein wesentlicher Fortschritt ist gemacht, wenn die Kinder den unteren Blattrand oder eine nahe zu ihm parallel gezogene Linie als Standlinie für die Bildgegenstände benützen. Die Figuren und Dinge erscheinen wohl immer noch beziehungslos

33

Abb. 42: „Mutter bei der Weihnachtsbäckerei".
Mädchen, 1. Klasse. Die Backbleche auf dem
Tisch sind „hoch geklappt", der Tisch ist im
„Aufriss" gezeichnet, die Mutter hält ein Well-
holz in den Händen, alle Objekte sind neben-
einander gereiht (Standlinienbild, s. S. 121 ff.).

und starr nebeneinander gestellt, doch ist
damit bereits eine erste räumliche Beziehung der Figuren gegeben. Die Fläche darüber lässt der Zeichner in jedem Falle frei,
lediglich am oberen Blattrand wird eine
Sonne gezeichnet. Für das Kind repräsentiert sie zugleich den Himmel, der oft auch
mit einem Streifen am oberen Bildrand angedeutet ist. Zwischen Boden und Himmel
ist „Luft", der Raum, in dem alles unterge-
bracht wird, was fliegt, aber auch Schnee-
flocken, Regentropfen und Sonnenstrahlen
finden hier Platz. Das Bild ist nun räumlich
klar geordnet: Der untere Blattrand ist
Bezugsort für die Aufrichtung aller Bildgegenstände. Rechts, links, oben und unten
sind deutlich gegeben: entsprechend dem
kindlichen Raumerleben [31].
Um eine Szene größeren Umfangs gestalten zu können, zeichnen Kinder auch einmal zwei oder drei Standlinien übereinander (Farbtafeln 4, 5). Auf jeder dieser
Linien sind dann die Gegenstände nebeneinander aufgereiht, die ganze Geschichte
ist leicht abzulesen. Mit dieser Bildlösung
kann aber vielleicht schon eindrucksmäßig
das Hintereinander der Dinge gemeint

sein, also eine erweiterte räumliche Ordnung: Was vorne sein soll, kommt auf die
unterste Standlinie, was dahinter ist, auf die
darüber liegenden Linien. Ein ähnlich
Raum bildender Faktor ist gegeben, wenn
Kinder die zwischen der erhöhten Standlinie und dem unteren Blattrand liegende
Teilfläche als Boden ansehen, diesen mit
einer entsprechenden Farbe anmalen oder
als Straße benützen. Meist stehen die Figuren dann dennoch auf der oberen Boden-
linie bzw. auf dem oberen Rand des Boden-
streifens.
Nun gibt es aber auch Zeichenthemen, die
sich weniger gut in der vorgenannten Weise
gestalten lassen. Themen wie „Schwimmbad" oder „Rathausplatz" legen viel eher
eine Bildgestaltung in der „Draufsicht"
nahe. Grundsätzlich stehen dem Kinde
beide Möglichkeiten, Räumliches in der
Fläche zu gestalten, offen. Aber auch die
Verschmelzung der beiden Möglichkeiten
kommt vor. Die Raumauffassung des Kindes zeigt sich häufig als eine Kombination
von Aufriss- und Grundrisszeichnungen.
Figur 1 in Abb. 40 ist ein „Gemisch" aus
Standlinienbild und draufsichtartiger Darstellung. Die Zeichnung wurde als Standlinienbild begonnen; auf die Standlinie
dann Schwimmbassin (Ovalform) und
Badedecke mit Kind, wie von oben gezeichnet; über allem Himmel und Sonne.
Vielfach ist bei den in die gesamte Zeichenfläche gebreiteten Bildern die Aufrichtung der Bildgegenstände im Sinne
eines einheitlichen Oben und Unten einer-
seits und Vorne und Hinten andererseits
noch nicht gediehen, m. a. W. es fehlt die
Aufrichtung sämtlicher Objekte im mehr
erscheinungsmäßigen Sinne. Viele solcher
Bilder (Abb. 7, S. 122) lassen sich auf den
Kopf oder auf die Seite stellen. Ein festes
Oben und Unten im Bild gibt es hier also

6;0

Abb. 43: „Polizist regelt den Straßenverkehr". Junge, 6;0 (Faserstiftzeichnung). Dies ist eine überzeugende bildnerische Leistung, in der das Kind von seiner Warte aus die Raumlagebeziehungen
erklärt (so genannte Umklappung).

nicht. Die Lagebeziehung der Gegenstände
und Figuren zueinander ist zwar kenntlich
gemacht, doch findet der Bezug nur im
Einzelzusammenhang statt. In Abb. 43
(siehe auch Tafel 3, unten) hat Hermann
(6;0) zunächst die Straßen in ihrer Richtung und Ausdehnung abgegrenzt, dann die
Häuser an den Straßen (den Standlinien)
aufgestellt. Genauer gesagt: Jedes einzelne
Haus wurde zu der zugehörigen Straßen-
seite richtungsmäßig (d. h. im größten
Richtungsunterschied) in Beziehung gebracht, nicht aber auch zu den übrigen
Häusern bzw. zu den senkrechten Bildrän-
dern. Dieses primitive Aufrichten der Gegenstände auf einer (ganz gleich in welcher
Richtung laufenden) Standlinie zeigt sich
noch im 2. und 3. Schuljahr. Sonne und
Himmel finden im Allgemeinen auf solchen Bildern keinen Platz (siehe auch
Abb. 40, Figur 12).

Eine Weiterentwicklung dieser Bildform
(im Schulalter) geschieht in der Weise, dass
die bislang rechtwinklig auf eine Standlinie
bezogenen Bildgegenstände in schräge
Richtungsbeziehungen eintreten und
schließlich einheitlich auf die senkrechten
Bildseiten bezogen werden (konsequente
Gesamtaufrichtung). Anders gesagt, mit der
Zeit hat die sich herausbildende Gesamtaufrichtung die rechtwinkeligen und
schrägen Richtungsbeziehungen verdrängt
– Überschneidungen kamen hinzu –, sodass
das Bild nun unter einheitlichem Gesichtspunkt gestaltet ist. Der Weg führt weiter zur
tiefenräumlichen Darstellung (S. 115 f.).

Abb. 44 a: „Wanderer". Mädchen, 1. Klasse

Abb. 44 b: „Unsere Straße". Junge, 1. Klasse

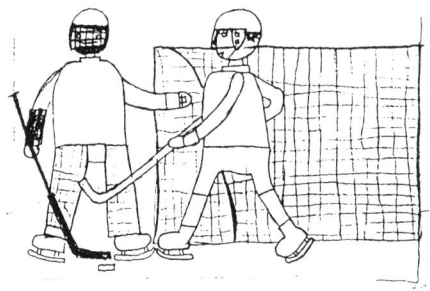

Abb. 44 c: „Kamelführer". Junge, 4. Klasse

Abb. 44 d: „Eishockeyspieler". Junge, 4. Klasse

Interessant sind nun auch die Zeichnungen flächenhafter Gebilde wie See, Gärten, Teppiche, Plätze u. Ä. Vorschulkinder wählen zu deren bildhafter Wiedergabe meistens den „Grundriss", d. h. die draufsichtartige Darstellung.

In Abb. 40, Figur 6 sehen wir zwei auf einer Badedecke sitzende Mädchen (Kathrin, 5;9). Für den Betrachter sitzen sie natürlich auf dem oberen Rand. Die schön gemusterte Decke kann eben nur so in ihrer vollen, charakteristischen Gestalt gezeigt werden. Sie ist am eindeutigsten in der Draufsicht zu erkennen. Das Sitzen der Figuren auf der Decke würde eine Überdeckung bringen und das ist lange Zeit vom Kinde nicht erwünscht.

Ohne Bedenken setzen Kinder in ihren Zeichnungen die Dinge in ihrer charakteristischen Gestalt scheinbar beziehungslos zusammen. Die „Klarheit der Bildordnung geht ohne Zweifel vor funktionaler Eindeutigkeit" (Staguhn[1], S. 143).

Figur 2, Abb. 40 (Kathrin, 5;9) zeigt einen Tisch von vorne, darauf liegend Schachteln im Querschnitt, das Gebäck dagegen in der Draufsicht. Das Kind hat auch in dieser Zeichnung die „sprechendste" Darstellung für das jeweils Gemeinte gewählt. Dabei ist es ihm gleichgültig, welcher Ebene der dreidimensionalen Wirklichkeit die jeweils „gute Gestalt" angehört. Da Kinder ja nie die Ansicht eines Dinges von einem bestimmten Standpunkt aus zeichnen, sind sie völlig frei in ihrem Gestalten und können die einzelnen Gegenstände oder eine ganze Szene in Seiten-, Vorder- und Draufsicht zugleich darstellen (wenn es der klaren Aussage dienlich ist). Figur 5 (Kathrin, 5;9) zeigt nochmals einen Tisch, diesmal mit einem darauf liegenden Backblech mit Gebäck in der Draufsicht. Sicherlich wurde das Kind dabei von der Vorstellung der ausgestochenen Teigformen geleitet.

Gezeichnet wird immer das, „was dem Kinde an einem Ding signifikant und zugleich wesentlich und markant erscheint" (Meyers[3], S. 80).

Auch bei anderen körperhaften Objekten wie Haus, Schrank, Korb u. Ä. nützen die Kinder bei deren Darstellung einmal die Möglichkeit des „Von-Vorne", „Von-Oben" oder „Von-der-Seite"; aber auch eine Verschmelzung der verschiedenen „Ansichten" miteinander ist für das Kind möglich. Dabei handelt es sich natürlich gar nicht um Ansichten, vielmehr geht das Kind „von einer ganzheitlich erlebten Körperlichkeit aus (Daucher, S. 116). Es versucht also stets den Gegenstand ganzheitlich in seiner Zeichnung zu fassen. So liegt jeweils eine allseitige Gegenstandsauffassung vor. Deshalb sind auch die früheren Hausdarstellungen, z. B. in der Art eines Vierecks mit aufgesetztem Dreieck- oder Trapezdach, keine Vorderansichten, „sondern zweidimensionale Äquivalente der dreidimensionalen Kuben" (Arnheim, S. 171). Erst die Hinzunahme einer Seitenwand lässt das Viereck mit aufgesetztem Dach (ursprünglich das ganze Haus) zur Giebelseite werden. Dabei wird die Seitenwand zunächst als regelmäßiges Viereck der Vorderfront einfach angefügt, da ihr in die „Tiefe-Gehen" noch nicht bewusst geworden ist bzw. die Hauswand in ihrer „guten Gestalt" (hier rechtwinklig, d. h. ohne Winkelveränderung) sich durchsetzt. Das gleiche gilt auch für die Darstellung des Daches.

Kinder zeichnen meistens einen Tisch im „Aufriss" (Abb. 42). Wenn ihnen aber daran gelegen ist, die Tischfläche als solche zu zeichnen, so werden sie dies in der deutlichsten Weise tun, d. h. sie „von oben" darstellen (vgl. Abb. 41).

„Diese Methode gibt aber keine Möglichkeit zu zeigen, dass die Beine und die Tischplatte in verschieden gerichteten Ebenen liegen" (Arnheim, S. 170).

Auf dem Hochzeitsbild (Farbtafel 1, unten) stehen die Kränzchen aufrecht auf den Köpfen der Braut und der beiden Brautjungfern, anstatt auf dem Kopf zu liegen. Das gleiche Gestaltungsprinzip, die „guten Gestalten" primitiv aneinander zu fügen, sehen wir außerdem bei dem Bagger in Abb. 46 (Drehscheibe), dem Wagen (Abb. 40, Figur 11) und dem Korb (Abb. 40, Figur 10).

Meyers spricht in diesem Zusammenhang von einem Gestaltengemisch: ein besonders ausgeprägtes sehen wir in Abb. 40, Figur 7: Der Tisch wie „von vorne", der runde Untersetzer wie „von oben", die Vase „wie von der Seite".

Die Obstkörbe, Figuren 8, 9 und 10, veranschaulichen, dass es vom gleichen Ding mehrere, gleich prägnante Möglichkeiten der Charakterisierung gibt: „querschnittartig", „seitensichtartig" und zusammengesetzt aus dem Körper des Korbes von Seite mit waagerechtem Bodenstrich (damit er stehen kann) und der Aussage rund ist der Korb, daher draufsichtartig gezeichnet.

Eine weitere interessante Eigenart vieler Kinderzeichnungen ist die, dass eigentlich undurchsichtige körperhafte Objekte vom Kinde so gezeichnet werden, als wären sie durchsichtig. Sie verzichten kaum darauf, z. B. bei einer Hauszeichnung auch das

Abb. 45: „Mutter mit Kindern beim Fernsehen". Mädchen, 1. Klasse. Innenräume werden lange Zeit als Standlinienbild (s. S. 121 ff.) gezeichnet (farbige Faserstiftzeichnung).

Inventar samt Hausbewohnern (Abb. 40, Figur 13) oder das Geld in einer Geldbörse mitzuzeichnen. In der Fachliteratur werden solche Bildgestaltungen als „Röntgenbilder" bezeichnet (s. auch Figur 3 und 4). Doch geht es dem Kinde gar nicht um Transparenz oder Intransparenz als solcher. Die Undurchsichtigkeit fester Körper ist ihm aus täglicher Erfahrung längst bekannt. Wenn es dennoch undurchsichtige Objekte „durchsichtig" zeichnet, dann eben weil, z. B. in seiner Vorstellung von einem Haus, auch alles damit verbunden ist, was das Haus enthält, weil es seinem Bedürfnis nach Vollständigkeit Rechnung trägt. Alles was zu einem „Ganzen" gehört, was wesentliches, charakteristisches, typi-

sches, bedeutsames Merkmal eines Objektes (nach kindlicher Auffassung) ist, wird gezeichnet [32].

Da es dem Kinde beim Zeichnen und Malen in keinem Falle auf die optisch-erscheinungsrichtige Wiedergabe eines gemeinten Objektes, Vorganges, einer Situation ankommt, kann es selbstverständlich auch alles Nicht-Sichtbare darstellen [33].

Beim Zeichnen menschlicher Figuren ergibt sich das so genannte Röntgenbild außerdem von selbst: Die nackte menschliche Gestalt wird zuerst gezeichnet und dann mit Hose, Rock usw. bekleidet (Abb. 40, Figur 4).

Gegen Ende der Grundschulzeit klingt diese Darstellungsweise ab und ein der

Sache gemäßeres Darstellen setzt sich allmählich durch. In den Zeichnungen wird die Nicht-Durchsichtigkeit fester Körper beachtet. Erst auf der Stufe der dreidimensionalen Gestaltungsfähigkeit wird die zeichnerische Darstellung eines tatsächlich durchsichtigen Objektes als Sonderfall möglich.

Aus den umfassenden Untersuchungen von Wilhelm Neuhaus geht hervor, dass 73% aller sechsjährigen Kinder Häuser und 100% Körbe durchsichtig zeichnen; bei den siebenjährigen sind es immer noch 50%, die Häuser und 86%, die Körbe durchsichtig zeichnen.

Einzelmotive – Differenzierungsreihen (idealtypische Darstellung)

In diesem Abschnitt wird die Entwicklung der hauptsächlichen kindlichen Zeichenmotive beschrieben und mit Hilfe von Bildtabellen veranschaulicht. Aus Hunderten von Kinderzeichnungen wurden charakteristische Formen eines jeden Motivs ausgewählt, sorgfältig nachgezeichnet und nach dem Gesichtspunkt einer ansteigenden Vielschichtigkeit gruppiert bzw. nach einer zunehmenden Gestaltgliederung und Formdifferenzierung.

Eine solche Abfolge von sauber getrennten Entwicklungsstufen entspricht natürlich nur annähernd der Wirklichkeit, d. h. die Entwicklung stimmt nur im Großen und Ganzen mit dem besonderen Fall des einzelnen Kindes überein. Das Tempo des Entwicklungsverlaufs ist ja bei jedem Kinde verschieden und ebenso finden wir die vielfältigsten Arten des Voranschreitens. Manche Kinder überspringen Phasen der Entfaltung oder fallen (aus welchen Gründen auch immer) auf primitive Gestaltungsstufen zurück. Auch bleiben frühere Stufen immer noch erhalten, wenn der Zeichner schon eine „höhere" Stufe erreicht hat. Schließlich muss noch erwähnt werden, dass zwischen der jeweils erreichten zeichnerischen Entfaltungsstufe eines Kindes und dessen tatsächlichem Alter keine feste Beziehung besteht.

Es kann also keine Regel für die Abfolge der zeichnerischen Entwicklung aufgestellt werden.

Die vorliegenden Tabellen dienen nur dem Zweck einer systematischen Darstellung. Sie stellen in keinem Fall ein Lehr-Lern-Programm für das bildnerische Gestalten mit Kindern dar.

Anmerkung: Bei der Beschreibung der Einzelmotive ergeben sich Wiederholungen, die eben in der vielfachen Verflechtung der Probleme begründet sind [34].

Der Mensch

Zu den ersten gegenstandsbezogenen Zeichnungen wie Sonne, Ball und ähnlichen einfach strukturierten Objekten treten bald die ersten Menschengebilde. Der Mensch wird von nun an zum bevorzugten Zeichenobjekt. Die Tabellen (S. 42) geben einen Einblick in die Vielfalt der kindlichen Formbildung bei diesem Motiv.

Mit der Rundform (mehr oder weniger geschlossen) wird der Mensch zunächst ganz global erfasst. Kritzelflecke befinden sich meist im Innern und Striche werden vom Umriss weg nach außen gezogen. Diese sehr vagen Gestaltungen deutet das Kind noch häufig um in andere Objekte, deren Ähnlichkeit mit der entstandenen Zeichnung größer ist als mit einer menschlichen Figur. Erste Differenzierungen bzw. Aussonderungen betreffen im Allgemeinen die Augen (Punkte oder Punkthäufungen) und

Gliedmaßen, die als längere oder kürzere Striche vom Kreisumriss weg nach außen und noch ohne bestimmte Anordnung und Richtungen gezogen werden (Abb. 49, Reihe I, Fig. 1).

Doch schon bald zeichnet das Kind Arme und Beine ganz bewusst richtungsunterschieden: Vom „Kopf-Leib" nach rechts und links weggehend die Arme und nach unten die Beine. Allerdings zeichnet das Kind häufig zunächst nur die Beine. Arme und Hände bleiben unberücksichtigt (Reihe I, und Figuren 1 und 2 in Reihe II).

„Sie sind am Gestaltungsvorgang so sehr beteiligt, dass offenbar ihre darstellerische Objektivierung am schwersten ist. Sie werden vergessen, weil ihre Existenz beim Zeichnen nicht bewusst wird" (Daucher, S. 112).

Das Gesicht erhält zwei Augen (Punkte, Kringel oder kleine Kreise) und einen Mund (als Richtungsstrich). Hin und wieder „steht" innerhalb des großen Kreises ein kleiner Kreis, der das „Gesicht" markiert, bevor es sich in Auge, Nase und Mund ausgliedert. Auf früher Entfaltungsstufe fehlt dem Menschen häufig die Nase, bald aber „sitzt" sie als Richtungsstrich senkrecht zwischen den Augen. Der Mensch erhält später auch Haare und Ohren, und das „Vollgesicht" ist erreicht.

Anfangs wird also der Mensch als ein rundförmiges, hin und wieder auch kastenförmiges Gebilde gezeichnet, dem die Gliedmaßen im größten Richtungsunterschied angefügt sind; allgemein als „Kopffüßler" bezeichnet.

Mit der Rundform ist nun aber nicht nur der Kopf, sondern der ganze Mensch gemeint, der Rumpf kommt grafisch nur nicht zur Geltung, da eben auf der frühen, nicht differenzierten Stufe die Kreisform für ein ganzes, vollständiges Objekt steht, in diesem Falle also der Kreis für eine nicht differenzierte Menschengestalt. Kopf und Rumpf bilden eine Einheit [35].

Deshalb also zeichnet das Kind – ganz konsequent – Arme und Beine an dieses Kopf-Rumpf-Gebilde (Reihe II, und Figur 1 in Reihe III). Erst eine weitere Differenzierung bringt die Trennung in Kopf und Rumpf, doch kommt es häufig vor, dass die Arme diese Entwicklung nicht mitvollziehen und an ihrer gewohnten Stelle verbleiben. Andere Übergangslösungen finden wir in Lang-Rund-Formen mit Gesicht im oberen und Andeutungen von Leib bzw. Kleidung im unteren Teil (Reihe III, Figuren 2 und 3). Häufiger jedoch sind Menschenzeichnungen, deren Leib durch einen Kringel oder durch mehrere „Knöpfe" zwischen den Beinen bezeichnet wird, schließlich auch durch einen waagerechten Strich von Bein zu Bein u. Ä. (Reihen III, IV und V, Figuren 1 und 2).

Nun ist der ursprüngliche Kreis tatsächlich als Kopf anzusehen. Undifferenziert gezeichnet sind Rumpf und Beine, da sie noch eine Einheit bilden. Die Arme sind folgerichtig an den beiden Senkrechten angebracht (z. B. Abb. 50, Reihe V, Figur 2), „Die doppelte Funktion einer Linie als selbstständige Einheit und als Umriss ist noch nicht eindeutig unterschieden. Die beiden Vertikalen sind Konturen (Körper) und selbstständige Einheiten (Beine) zugleich" (Arnheim, S. 166).

Im Verlauf der weiteren Entwicklung der menschlichen Figur wird dem Kopf ein runder oder kastenförmiger Leib angefügt mit Armen und Beinen. Die Gesichtsteile werden vervollständigt bzw. verbessert. Hin und wieder tragen die Menschen Hüte. Bald werden auch die Hände besonders beachtet: Nach besen- oder rechenartiger Gestaltung zeichnet das Kind nun Handtel-

Abb. 46

Abb. 47

Abb. 48

ler mit radiärgestellten Fingerstrichen. Die richtige Fingerzahl wird oft nicht einmal im ersten Schulalter getroffen. Ihre „Vielheit" ist durch drei oder mehrere Finger ausgedrückt. Die Arme stehen zunächst noch entschieden waagerecht (im größten Richtungsunterschied) vom Leib weg, später „schrägweg" nach oben oder unten. Die Beine erhalten schon sehr früh Füße bzw. Schuhe (im rechten Winkel zum Bein gezeichnet). Selten jedoch zeichnen Kinder die Zehen.

Wenn nun auch insgesamt ein besserer Aufbau der Figur gegeben ist, so hinken doch immer wieder einzelne Teilformen in der Entwicklung nach, wie z. B. in Reihe V bei den Figuren 3, 4, 5 und 6 (wenig differenziertes Gesicht) und in Reihe VI, Figur 9 (Armansatz).

Jüngere Kinder kümmern sich beim Zeichnen menschlicher Figuren meistens gar nicht um die Kleidung. Bestenfalls schmücken sie den Rumpf mit einer Knopfreihe. Erst allmählich erwacht der Wunsch, das jeweilige Geschlecht zu charakterisieren: Die Frau erhält dann einen Rock (meistens in dreieckiger Form) lange Haare usw., der Mann eine lange Hose, einen Hut, einen Stock usw. Unterschieden wird dann auch zwischen Groß und Klein, Kindern und Erwachsenen. Reihe VII (Abb. 51) zeigt die Gliederung des menschlichen Leibes in Ober- und Unterkörper und die Kennzeichnung des Geschlechts durch eine entsprechende Kleidung.

Von Hans Meyers wird erwähnt, dass gerade vor dem Eintritt in die Schule bei vorstellungsbegabten Kindern eine starke Differenzierung der menschlichen Figur zu beobachten ist. „Besonders findet eine Ausgestaltung durch alle nur auftreibbaren Attribute der menschlichen Schönheit statt, vom Haupthaar und Kopfputz bis zu

41

Abb. 49

Abb. 50

42

Abb. 51

den Schuhen mit Absätzen an den Füßen (Reihe IX). Der bisher vernachlässigte Hals tritt in Erscheinung (ab Reihe VIII), die meist stiefmütterlich behandelten Ohren, sogar Augenbrauen, Nasenlöcher und Zähne kommen zu ihrem Recht" (Meyers[1], S. 52)

In den Menschenzeichnungen des kleineren Kindes sind die Arme und Beine zunächst mit einem einfachen Richtungsstrich bezeichnet. Dann aber (ab Reihe VI) zeichnet das Kind die Gliedmaßen mit einem Doppelstrich bzw. als Umrisszeichnung; Arme und Beine zeigen jedoch noch keine Schwellungen. Der Versuch, Schwellungen an Gliedmaßen wiederzugeben, tritt erst nach dem 8. Lebensjahr auf und wird nur bei wenigen Kinderzeichnungen beobachtet.

Das menschliche Gesicht und der Körper werden im Allgemeinen von vorne gezeichnet [36]. Etwa mit Beginn des sechsten Lebensjahres bemühen sich die Kinder, die Figuren zur Seite zu wenden, sie im Profil zu zeichnen. Dabei entstehen zunächst Köpfe mit sog. Mischprofil (Reihe X). Vielfach wird zuerst die Nase seitlich an den Kopfumriss gezeichnet, wobei Augen und Mund die Stellung „von vorne" noch beibehalten. Hin und wieder bleibt eine Nase auch noch am gewohnten Platz, sodass ein Gesicht mit zwei Nasen entsteht. Ja, es können sogar die beiden Augen in ihrer Vorder-Sicht-Stellung bleiben, obwohl Nase und Mund bereits in den Kopfumriss einbezogen sind. Oder, um noch ein Beispiel zu nennen: Ein Auge im Zentrum des Kopfes, darunter der Mund, die Nase seit-

43

Abb. 52

wärts gerichtet, mit doppeltem Strich gezeichnet, dazu die beiden Nasenlöcher und
ein Ohr auf der anderen Seite des Kopfes
(Reihe X, Abb. 52, Figur 6). Eine Kontrolle
in Bezug auf optische Richtigkeit findet
kindlicherseits nicht statt [37].
Bei den Figuren in Reihe XI ist die Seitenwendung des Kopfes schon fast vollzogen,
lediglich das Gesicht der Figur 2 hat noch
zwei Backen wie ein Gesicht „von vorne".
Überblicken wir die Reihen insgesamt,
dann wird in den letzten Reihen nicht nur
die bessere Gliederung und Differenzierung der menschlichen Figur deutlich, sondern auch die Absicht des Kindes, die Figuren in Bewegung zu setzen (ab Reihe X).
Aber erst mit der Beherrschung der Wiedergabe der Personen in der Seiten-Sicht
ist die eigentliche Voraussetzung für die

Kenntlichmachung der Bewegung und des
Zueinanders der Figuren gegeben. In den
Reihen X bis XII ist diese mögliche Entwicklung aufgezeichnet. Die Seitenwendung des Rumpfes zeigt sich vor allem in
der Ausrichtung von Armen und Füßen.
Beide Arme sind dann z. B. von einer
Rumpfseite aus vorwärts gestreckt, wobei
die Knopfreihe manchmal noch in der
Mitte des Rumpfes verbleibt.
Bei der Darstellung von tätigen Menschen
werden die Arme vielfach rund gebogen
und oft verlängert, wenn sie etwas tragen,
halten oder erreichen sollen (Reihe XI,
Figur 5). Ein weiterer Fortschritt ist gegeben, wenn die Arme bereits über die Körperform hinweg gezeichnet werden (Reihe
XII, Figuren 1, 3, 4, 5). Zur weiteren Entwicklung s. Anmerkung 24.

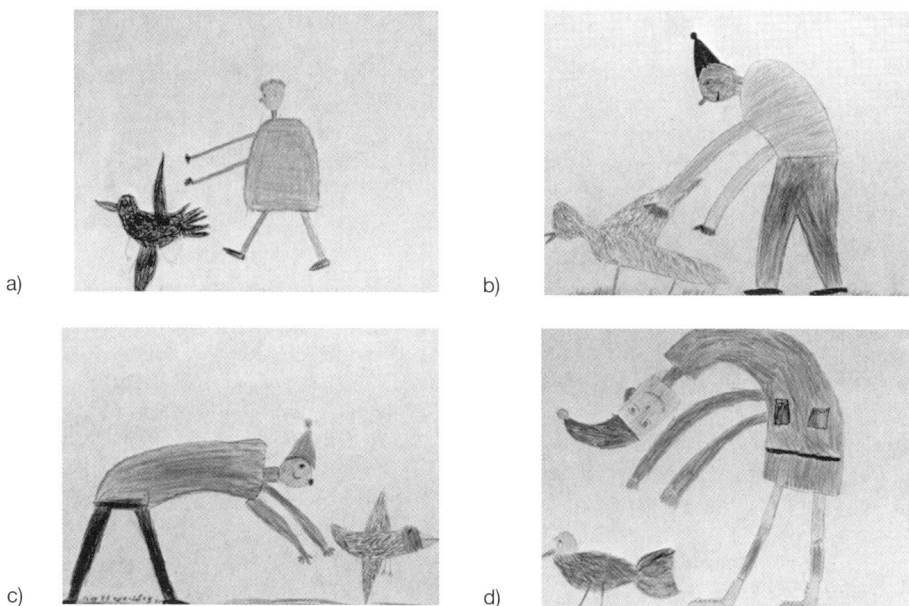

a)   b)

c)   d)

Abb. 53: Vogelfänger. Jungen, 3. Klasse. Nur allmählich kann die Bewegungsdarstellung – mit einheitlicher Seitenwendung und Proportionierung der Figur – bewältigt werden. Zwischenstufen und „Gestaltzwitter" sind unvermeidbar [24].

Abb. 54: Familienausflug. Jungen und Mädchen, 1. Klasse (Faserstiftzeichnung).

Abb. 55: Obsternte. Mädchen, 6;2 Jahre alt, 1. Klasse (Farbstiftzeichnung), vgl. die Entwicklung der Menschenzeichnung des gleichen Kindes auf Abb. 73.

Abb. 56:
Faschingszug.
Junge, 8 Jahre
(2. Klasse).

Das Haus

Außer der menschlichen Figur zeichnen Kinder immer wieder Häuser in vielfältiger Formabwandlung. Das Haus ist ein Hauptmotiv der Kinderzeichnung. Es ist Sinnbild der Geborgenheit und der eigentliche Lebensraum des Vorschulkindes. Interessant ist in diesem Zusammenhang der Hinweis des Verhaltensforschers Eibl-Eibesfeldt auf eine mögliche Erbkonstellation. Er „erwägt die Möglichkeit, dass auch den konstruktiven Spielen angeborene Dispositionen zugrunde liegen könnten, und weist auf die Vorliebe der Kinder der ganzen Welt für den Hüttenbau hin. Auch Stadtkinder, die nicht wie die Primitiven ein Vorbild nachahmen können, produzieren spontan, sobald sie Gelegenheit haben, im Wald zu spielen, Baumnester, Mooshäuschen und Laubhütten. Häuser gehören auch zu den ersten erkennbaren Produkten, die Kinder mit Bausteinen oder mit dem Zeichenstift darstellen" (zitiert nach Schenk-Danzinger, a. a. O., S. 124).

Ich teile nun nicht die Meinung so vieler Autoren, Kinder würden ihre „ersten" Häuser mit dem Viereck als zeichnerische Elementarform darstellen. Es sei zunächst daran erinnert, dass auf der frühesten Stufe gegenständlichen Zeichnens alle vom Kinde als ausgedehnt erkannten Objekte der Wirklichkeit mit dem Kreis dargestellt werden, auch technische Werkformen wie ein Haus oder ein Fenster.

Für seine ersten Hausdarstellungen benutzt also das Kind auf nicht differenzierter Stufe die Rundform. Mit ihr ist zunächst das Wesentliche, das Umschlossen-Sein (Abb. 57, Figuren 1 und 2) klar ausgesprochen. Deshalb sind auch innerhalb der Umrisslinie meistens Menschen, seltener Fenster dargestellt. Auf dieser Stufe werden selbstverständlich auch die Fenster rundförmig gezeichnet.

Als Folge der täglichen Erlebnisse, Erfahrungen des Kindes, die seine Beziehungen zum Haus vertiefen, und eines mittlerweile erweiterten Formenschatzes genügt ihm die bisherige primitive Hausdarstellung bald nicht mehr. Die Rundform differenziert sich in der Folge weiter zu den ebenfalls in einem Zuge gestalteten Formen des „Hochrund" bzw. des hohen Halbrund. Damit ist ein charakteristisches Sachmerkmal des Hauses „Hoch-nach-oben" in allgemeinster Weise „formuliert" (Figuren 3, 4 und 15). Das „Oben" des Hauses wird dann gewöhnlich mit einem Kamin oder einer Rauchfahne markiert; jedoch tritt das Dach als selbstständige Einheit noch nicht hervor. Wir haben es ja zunächst mit einer wenig differenzierten Hausdarstellung zu tun, die keine Gliederung in Unterbau und Dach kennt. Hauptkörper und Dach bilden vielmehr eine Einheit. (Das gilt auch für die Figuren 5, 6, 7, 8. Man kann das Fehlen eines Daches nicht ohne Weiteres damit begründen, dass viele Kinder heute hauptsächlich Flachdachbauten sehen. Möglicherweise ist eine solche Beeinflussung in den Figuren 9, 10, 11, 12 gegeben, doch wird auf dieser Stufe das „Haus an sich" dargestellt, noch nicht ein besonderer Haustyp.) [39]

Die Hausform differenziert sich nun von neuem weiter zu zeltähnlichen (Sachmerkmal: „Spitz – nach-oben") und schließlich zu viereckigen Formen. Damit haben die Kinder die allgemeinsten Strukturzüge der Hausgestalt in ihren Zeichnungen verwirklicht. Breite und Höhe sind dargestellt, die Fenster ungefähr in Reihe gebracht; die Häuser stehen fast ausnahmslos auf der untersten Blattkante oder einem eigenen Basisstrich.

Als kurios wird der Außenstehende die „Rundfenster" der Figur 11 mit dem typischen Fensterkreuz bezeichnen. Das Kind hat sie lediglich in der allgemeinsten Form als ausgedehnt, d. h. noch ohne Richtungsgehalte, gezeichnet. Sie hinken der Entwicklung zur winkeligen Hausform sozusagen nach; bald werden auch sie viereckig gezeichnet.

Fensterkreuze hingegen können grafisch gar nicht anders dargestellt werden als durch Richtungsstriche.

Wie hartnäckig lange sich die „Rundfenster" halten, allgemeiner gesagt, wie lange noch primitive Teilformen innerhalb höher differenzierter Hauptformen „überleben", zeigen die Tabellen.

Das Haus mit Dach scheint nun eine so schwere Aufgabe zu sein, dass manche Kinder zunächst wieder auf primitivere Hausformen zurückgreifen (Figuren 14, 15). Die Dachform selbst entfaltet sich in der gleichen Weise wie die Grundformen des Hauses: von rundzügigen zu eckigen Formen (ab Figur 15). Einfachste Dach-Lösungen sehen wir in den Figuren 12, 13 und 14. Als selbstständige Einheit, bezogen auf den Unterbau des Hauses, tritt das Dach erst ab Figur 15 auf. Meistens sind es zuerst kappenartige, zuletzt eckige Dachformen, die von den Kindern auf die in der Regel viereckige Hausform gezeichnet werden.

Die Entwicklung der sog. Zelthäuser zum giebelseitigen Haustyp ist verhältnismäßig einfach: durch einen Querstrich wird die Hauseinheit in Dach und „Hausfront" gegliedert. Im Laufe der Entwicklung erhält diese dann auch ihre rechteckige Form.

In Figur 25 (Abb. 58) ist schließlich die Dreiecksform für das Dach erreicht, die allerdings nur durch eine allgemeine „Nähe" auf den Hauskörper bezogen ist; die innere Zusammengehörigkeit von Dach und Unterbau ist eben nur angedeutet.

In den Figuren 26, 27 und 30 sehen wir charakteristische Endformen der bisherigen Entwicklung zur „Frontal-Sicht" des Hauses. Der Kamin und natürlich auch die Antenne stehen in den meisten Fällen immer noch im größten Richtungsunterschied, also rechtwinklig zur Dachschräge, die ja selbst „Dach" bedeutet. Durch diese teilinhaltliche Beziehung geht aber der Bezug zur Senkrechten des Hauses verloren. Der Kamin scheint daher schief zu stehen. Die weitere Entwicklung ist durch das Bemühen des Kindes charakterisiert, dem Haus eine zweite Seite zu geben. Diese wird – ohne tiefenräumliche Erstreckung – der ersten Seite auf gleicher Grundlinie hinzugefügt. In den Figuren 29, 31 und 32 ist die neue Entwicklung schon angelegt, und in 33, 34, 35, 36 und 37 unter grober Vernachlässigung der Proportion und Funktion der zusammengehörenden Teile bereits begonnen.

In der Folge führt die Absicht des Kindes, die Hausform besser zu gliedern, weiter zu differenzieren und zu vervollständigen, gerade beim Dach zu neuen Problemen.

Diese ergeben sich meistens aus der Methode des Kindes, die Gegenstände stückweise aufzubauen bzw. die „guten Gestalten" primitiv miteinander zu vereinigen wie z. B. in den Figuren 42, 43 und 44 (Abb. 59). Während die zweite Hausseite ohne Schwierigkeit angefügt werden kann, gelingt dies bei den Dachteilen nicht, und es entstehen vielfältige Übergangslösungen. So hat die Zeichnerin der Figur 44 mit einem Verbindungsstrich die Zusammengehörigkeit der beiden Dachteile noch nachträglich kenntlich gemacht.

Mit Figur 54 ist die höchste Form innerhalb der Entwicklung der „flächigen" Hausdarstellung erreicht. Danach setzen die Versu-

Abb. 57

Abb. 58

49

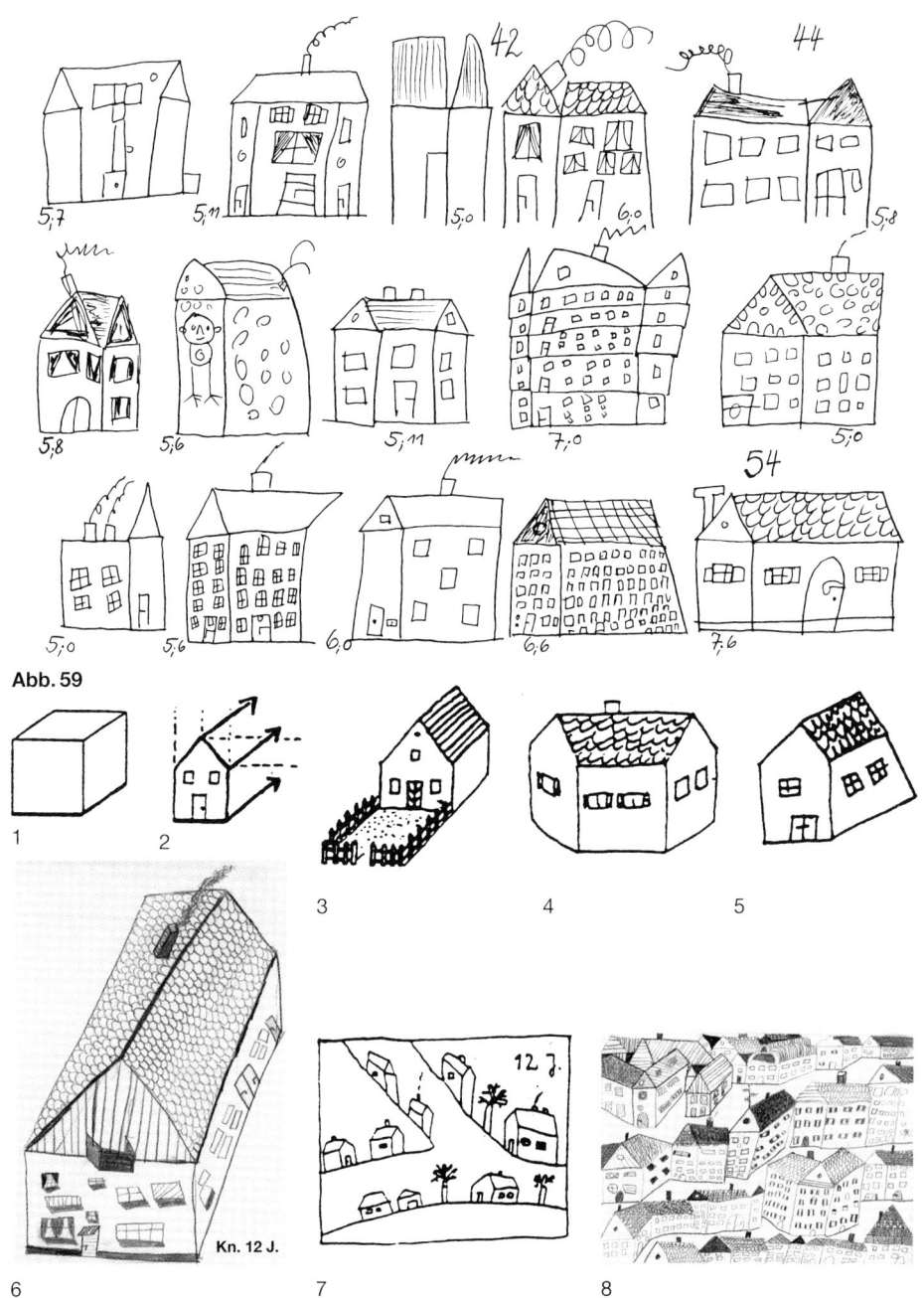

Abb. 59

Abb. 60: Entwicklung der Hausdarstellung im Schulalter (Übergangsformen) [38].

50

che des Kindes ein, das In-die-Tiefe-Gehen der zweiten Hausseite darzustellen. Erst aber damit wird die Giebelseite zu einer besonderen Seite, während sie vorher, auf früher Stufe, das „ganze" Haus bedeutete. Die sog. Röntgenbilder wurden der Einfachheit halber in den Tabellen nicht berücksichtigt. Selbstverständlich zeichnen jüngere Kinder „durchsichtige" Häuser. Mit der Vorstellung Haus verbinden sie eben auch alles was in ihm enthalten ist, und zeichnen es mit. Die Vollständigkeit des Zeichenobjektes Haus wäre für das Kind sonst nicht gegeben.

Abb. 60 zeigt Beispiele zur Entwicklung der Hausdarstellung im Schulalter [38].

Welch intensive gedankliche Arbeit das Kind zu leisten hat, um die Lagebeziehungen der Dinge – und ihrer Teile – zu erfassen, dürfte aus den Beispielen ersichtlich geworden sein. Das heißt also, dass sich die Zeichnungen der Kinder nicht allein durch einen „innermenschlichen Reifungsprozess" entfalten, sondern ebenso sehr durch Auseinandersetzung mit der sichtbaren Welt [39].

Der Baum

Etwa um das vierte Lebensjahr zeichnet das Kind auch Bäume. Spontan gezeichnete Bäume kommen vor diesem Zeitpunkt kaum vor. Im Allgemeinen verläuft die zeichnerische Differenzierung des Baumes von einer wenig gegliederten Form über die Aussonderung von Ästen, Zweigen, Blättern zu einem durchstrukturierten ganzheitlichen Gebilde. Daneben finden wir auch Baumzeichnungen, deren Stamm etwa eine kugelige Krone trägt, die häufig mit Früchten, Blättern und Ästen gefüllt wird oder um die herum Strahlen und Blattformen stehen. Karl Koch sieht in solcher Formbildung eine Verschmelzung von

Blume und Baum. Als ausgesprochene Frühform ist sie bei normalen Kindern im Kindergartenalter noch vorhanden, doch verschwindet sie vollkommen vom ersten Schuljahr an. „Bei Debilen hält das Merkmal länger …" (Koch, a. a. O., S. 70).

Die ersten Baumzeichnungen, die nur Grundzüge der Gestalt fassen, bestehen aus einem Stammstrich und waagerechten Querstrichen als Äste, die öfters wiederum von kürzeren senkrecht gekreuzt werden (Reihe I). Bald zeichnet das Kind auch Früchte hinzu (diese meist vor den Blättern).

Den ersten Strichgebilden folgen Bäume mit ausgedehntem Stamm (ab Figur 7), später solche, bei denen sich bereits Äste zur Krone bilden (eindeutig ab Reihe IV). Nadel- und Laubbaum werden im Allgemeinen schon recht früh unterschieden, besonders dann, wenn die allgemeine Richtung der Äste – weg vom Stamm – sich zur besonderen – schrägweg – verfeinert hat. Das Nach-oben-spitz-Werden der bisher undifferenzierten Stammform und die Verbreiterung der Stammbasis werden bald zu Problemen; doch finden die Kinder auch hierfür die Lösung (s. die Baumzeichnungen ab Figur 26).

Besonders merkwürdig für den Außenstehenden sind die in den ersten Baumzeichnungen oft bis zum Boden herabreichenden Äste. Dies ist als ein Merkmal früher Gestaltung anzusehen, das praktisch mit dem Schuleintritt verschwindet. „Debile halten mit zwar geringen Prozenten bis zum 13. Lebensjahr durch, und Imbezille überragen mit 41,5% alle andern. Beim Auftreten des Merkmals bei Normalen nach dem 8. Lebensjahr sind schwer wiegende Retardierungen (Verzögerungen des Entwicklungstempos, der Verf.) außer Zweifel!" (Koch, a. a. O., S. 70).

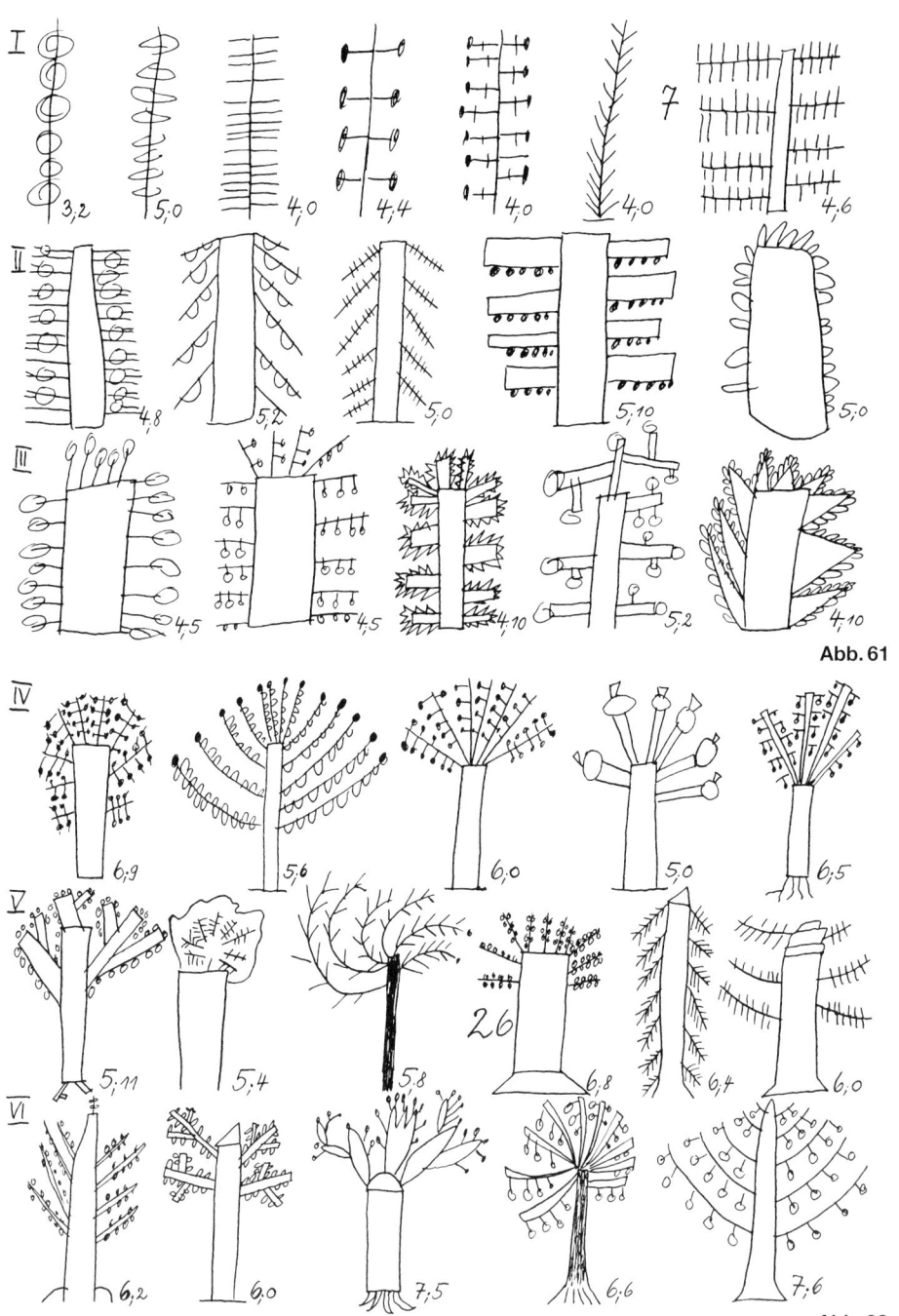

Abb. 61

Abb. 62

Abb. 63:

a) „Meine Familie". Junge, 6 Jahre (lern-behindert und extrem aggressiv). Ein sehr unreifes Bildkonzept (Kopffüßler). Die hervorgehobenen Zähne, die heftigen Striche, sein Außerhalb-Stehen deuten extreme Aggressivität an. („Der tägliche Schrecken meiner Kindergruppe", Aussage der Erzieherin). Das Kind musste wegen erheblicher intellektueller Defizite an eine Förderschule überwiesen werden.

b) „Angst vor der Schlange". Ein 10-jähriger Junge zeichnete spontan, wovor er Angst hat: „Eine Schlange könnte mich plötzlich anspringen!" Nicht immer zeigen Kinder so direkt ihre Ängste an. Gefühle und innere Einstellung gegen andere werden im Allgemeinen in symbolischer Form zum Ausdruck gebracht. Beim Zeichnen und Malen kann das Kind nicht nur Wirklichkeitserfahrungen verarbeiten und kreativ tätig sein, sondern auch belastende Erlebnisse, Ängste, innere Konflikte aufarbeiten und so womöglich physisch und psychisch gelockert, entspannt und in seinem Selbstvertrauen gestärkt werden.

c) „Meine Familie". Zeichnung des Erstklässlers Peter

In die Augen springend ist der übergroße Kopf des Vaters mit bösem Gesicht, herabgezogenen Mundwinkeln, zähnefletschend. Die übrige Familie zeigt lächelnde Gesichter. In der Zeichnung herrscht Schwarz vor, die Sonne fehlt. Auf die Frage, warum er den Kopf des Vaters so groß gezeichnet habe, antwortete der sehr sensible Knabe, während er dunkelrot im Gesicht wurde: „Er hat zu viel getrunken, und alles ist ihm in den Kopf gestiegen." Peter hat sein eigenes Gesicht verschmiert, als ob er den Anblick des Vaters nicht ertragen könnte. (Aus: Stahel, N., Das Erkennen seelischer Störungen aus der Zeichnung. Stuttgart 1973)

Abschließend sei aus einer umfassenden Untersuchung von Wilhelm Neuhaus angeführt, „dass der Doppelstrichstamm bei Vierjährigen schon vorherrscht und der einfache Strichstamm bei Siebenjährigen kaum noch auftritt. Dagegen behauptet sich der Strichast und wird von Siebenjährigen noch in 70,4% der Fälle angewandt, um dann langsam zurückzugehen. Bei Zehnjährigen finden wir ihn in 55,6%. Es drückt sich hierin ein Mangel an feinerer Beobachtung aus" (S. 80).

Das Tier

Alles Lebendige ist für das Kind von größtem Interesse. So sehen wir denn schon recht früh und häufig Tiere in Kinderzeichnungen. Es sind die dem Kinde vertrautesten: Hund, Katze, Pferd, Kuh, Gans, Huhn und Hahn. Aber auch „der" Vogel schlechthin wird gezeichnet und ebenso „der" Fisch. Andere Tiere werden erst durch besondere Anlässe zum Zeichenmotiv.
Alle diese Tiere sehen auf undifferenzierter Gestaltungsstufe annähernd gleich aus: Von den ersten Menschenzeichnungen unterscheiden sie sich nur durch die Vielzahl der Beine, die von einem kreisförmigen „Kopf-Rumpf-Gebilde" weggehen. Das Gesicht ist wie beim Menschen. Hin und wieder wird das Tiergesicht durch ein großes Maul mit Zähnen gekennzeichnet.
Das Bestimmende der Tierform ist aber vor allem der Leib in horizontaler Lage mit den meisten nach unten angesetzten Beinen. Will das Kind deutlich machen, dass das Tier auf beiden Seiten Beine hat, dann zeichnet es diese vom Leib weg nach unten und oben (S. 118, Fig. 2). Der Kopf wird bald quer verlagert. Durch die hinzugefügten Attribute wie Schnauze und lange Ohren bahnt sich dann eine Besonderung des

Tierkopfes gegenüber dem bisherigen „Kopf an sich" bzw. dem „Menschenkopf" an. Die Viel-Beinigkeit beim Tier weicht nach und nach der Vierbeinigkeit. Auch zeigt sich bald ein größerer Abstand zwischen den Vorder- und Hinterbeinen, womit die Paarigkeit der Beine bereits angedeutet ist.
Lange Zeit wird jedes vierbeinige Tier in dieser Form dargestellt, denn gerade in dieser „Seiten-Sicht" kommt der Tierkörper zur vollen Wirkung, d. h. nur so sieht das Kind seine volle Ausdehnung und alle Teile; es ist die charakteristische Gestalt des Tieres.
Tiere, die zunächst Köpfe im Sinne von Menschenköpfen haben, erhalten im Laufe der Formdifferenzierung meistens auch das sog. Mischprofil, wie wir es vom menschlichen Kopf her kennen. Und wie nun die ersten Menschengebilde ohne Kleidung erscheinen, so haben auch die Tiere zunächst kein irgendwie angedeutetes „Kleid". Sobald das Kind aber seine Figuren bunt anmalt, erhält das Tier in den meisten Fällen dann eine braune Farbe, womit nach den Äußerungen der Kinder Fell oder Haare gemeint sind. Bei rein grafischen Lösungen des „Tierkleides" werden Fell oder Federn rings um den Tierkörper strahlenförmig angeordnet. Die Kontur ist ja die Haut des Tieres, auf der die Haare und Federn wachsen. Daher können im „Bauch", d. h. hier innerhalb der Gestaltgrenze des Körpers, keine Haare sein. Wie eigenartig das kindliche Gestalten ist, zeigen die Figuren 4, 8, 10 und die mehrbeinigen Vögel (Figur 6, 7) auf Abb. 64. [40]
Ein weiterer Fortschritt in der Differenzierung der Tiergestalt ist darin zu sehen, dass die Paarigkeit der Vorder- und Hinterbeine in der Zeichnung deutlich zum Ausdruck kommt, dass die Beine ausgedehnt, schließ-

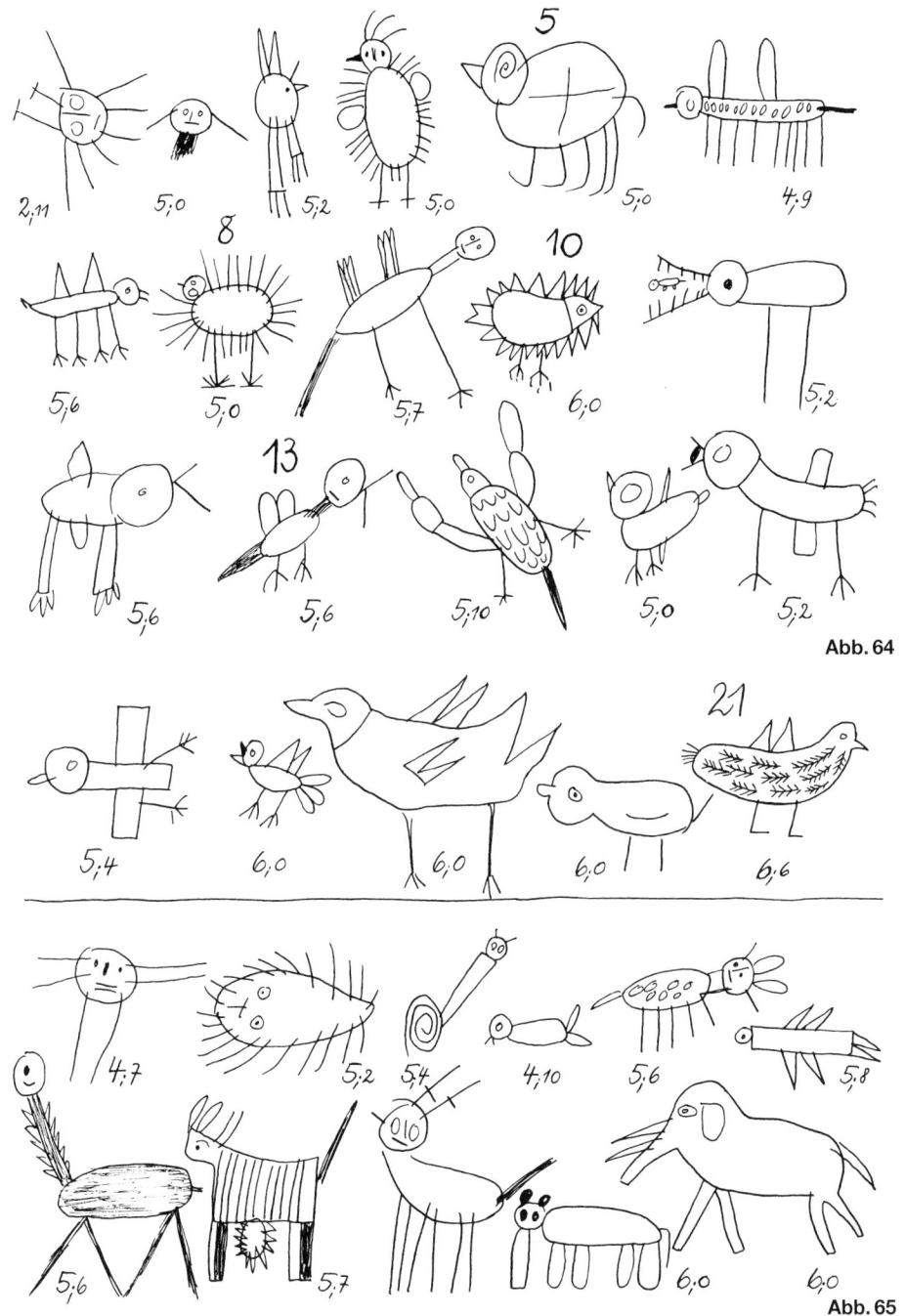

5

8

10

13

Abb. 64

21

Abb. 65

55

lich auch schräg ausgestellt werden, womit bereits Bewegungsmomente ausgeprägt sind, zumal wenn auch der Kopf bzw. Kopf und Hals nach unten weisen (damit das Tier fressen kann). In der weiteren Entwicklung werden immer mehr tierhafte Artmerkmale in der Zeichnung gefasst, sodass sich dann die verschiedenen Tierarten klar erkennbar voneinander abheben. Besonders interessant ist die Entwicklung der Gestaltform des zweibeinigen Tieres (Vogel, Ente, Huhn …).

Abb. 66 a: Pferd und Reiter. Junge, 5;6

Abb. 66 b:
Mädchen, 7;0

Gerade hierbei zeigt sich die Gesetzmäßigkeit der Entfaltung vom Allgemeinen zum Besonderen sehr deutlich: Anfangs wird nämlich alles Federvieh auch viel-beinig gezeichnet (abgesehen von der in Analogie zur zweibeinigen Menschenfigur gezeichneten Tiergestalt, s. Abb. 64, Fig. 3, 4).

Mit dieser Mehr-Beinigkeit werden Tiere zunächst eindeutig als zum Menschen unterschiedlich gezeichnet. (Auch Fische können auf dieser Entwicklungsstufe Beine erhalten, weil auch sie Tiere sind.) Danach wird die Vierbeinigkeit erkannt und in den Zeichnungen exakt verwirklicht. Erst mit der Erkenntnis, dass es innerhalb des Tierreiches Zwei- und Vierbeiner gibt, bekommen Vögel und anderes Federvieh von nun an die ihnen zustehenden zwei Beine. Dennoch finden wir immer wieder in Zeichnungen auch von älteren Kindern drei- und vierbeinige Vögel (Abb. 69) oder Hähne. Dies ist besonders dann der Fall, wenn ganz spontan gezeichnet wird oder das Hauptaugenmerk beim Zeichnen auf einen anderen Bildgegenstand gerichtet ist. Ich besitze eine schöne farbige Zeichnung von einem achtjährigen, durchschnittlich begabten Knaben, auf der vierbeinige fliegende Vögel zu sehen sind. Handelt es sich um ältere Schüler, dann kann Intelligenzschwäche angenommen werden. So zeich-

Abb. 67: Giraffe und Wärter. Junge, 2. Klasse.

Abb. 68: Zirkusreiter und Zuschauer (Zuschauer in Pars-pro-toto-Darstellung). Mädchen, 1. Klasse [41]

Abb. 69: Zeichnung eines Jungen, 3. Klasse. Deutliche Retardierung (bodennahe Äste, vierbeinige Vögel!)

nete ein 12-jähriger Schüler einen dreibeinigen Hahn. Doch wegen des großen Gelächters seiner Mitschüler hat er die Zeichnung sofort vernichtet.

Die nebenstehende Differenzierungsreihe „Vogel" mag das Gesagte verdeutlichen. Bis Figur 3 (Abb. 64) steht die Rundform für Kopf und Leib zugleich; in Figur 2 bedeutet der Kritzelfleck den Schwanz, die beiden schrägen Striche rechts und links vom Kopf sind die Flügel. Figur 1 ist ein „Vögele", dessen Mund in falscher Lage gezeichnet ist, wenn man die Richtung der Beine damit in Beziehung bringt. In ähnlicher Form hat der gleiche Knabe auch eine winkende Sonne und Menschen dargestellt.

In den Figuren 3 und 4 ist der Vogel analog zur Menschenfigur gebildet, also aufrecht stehend und mit zwei Beinen. In Figur 4 sehen wir neben den beiden Flügeln rings um den Leib Federn, dazu ein Mischprofil (Schnabel als weiteres Artmerkmal). Ab Figur 5 ist der Rumpf des Vogels in die waagerechte Lage gebracht, genauer gesagt, die Darstellung der charakteristischen Gestalt (von der Seite) ist jetzt gefunden. Auch ist die Zweibeinigkeit überwunden, d. h. das Tier wird als mehrbeiniges Wesen vom Menschen unterschieden. Die Figuren 8 und 10 zeigen primitive Lösungen zum Problem „Federkleid", die Figuren 14 und 21 bringen eine „Weiterbeurteilung" des gleichen Problems. Ab Figur 8 hat sich die Zweibeinigkeit durchgesetzt. Die letzten Figuren zeigen das Bemühen des Kindes, Formteile zu einer mehr organischen Gestalt des Vogels zusammenzubinden. Eine Unterscheidung der einzelnen Gattungen wird bald folgen.

In den Figuren 8 und 13 ist je ein Mischprofil zu sehen, in 11 ein Maul mit gefährlichen Zähnen.

Die beiden unteren Reihen der Tabelle (Abb. 65) zeigen nacheinander folgende Tiere: Katze, Fisch, Schnecke, Fisch, Schäfchen, Fisch, Pferd, Kuh, Hirsch, Elefant, Elefant (s. anthropomorphe Gesichtsmuster). [29]

Beispiele individueller Entwicklung

Beispiel 1 (Abb. 70, 71, 72):
Hermanns Menschen-Zeichnungen im
2. bis 6. Lebensjahr.

Nach den Originalen gezeichnet (zum Teil verkleinert) und auf den nebenstehenden Bildtabellen in zeitlicher Folge geordnet. Die so entstandene „Entwicklungsreihe" zeigt – im Ganzen gesehen – den zeichnerischen Fortschritt von einfachen zu besser gegliederten und differenzierten Formgestalten.

Genau besehen gibt es aber hierbei kein kontinuierliches Fortschreiten von Stufe zu Stufe. Vielmehr überspringt der Zeichner häufig Stufen der bildnerischen Entfaltung, bleibt längere Zeit bei der erreichten Formauffassung stehen, fällt auf frühe, primitive Stufen der Formbildung zurück oder überrascht durch Zeichnungen, in denen neben weiter differenzierten besonders primitive Formen stehen. Die Gründe für dieses Rückbilden, Auslassen und Vernachlässigen einzelner Teilformen sind zahlreich, sie sind „äußerer" und „innerer" Natur. Vor allem treten diese Erscheinungen besonders dann auf, wenn der Zeichner sich um die Gewinnung neuer Hauptformen angestrengt bemüht, seine Aufmerksamkeit auf bisher nicht oder wenig beachtete Gegebenheiten eines Gegenstandes richtet oder stark erlebnis- und gefühlsmäßig an den Gegenstand seiner Darstellung gebunden ist. Beispiele: Figur 19: „Bäcker mit großer Mütze", die Mütze wird mit Ein-

Abb. 70

Abb. 71

59

Abb. 72: Die Weiterentwicklung der Menschenzeichnung des gleichen Kindes zeigt Abb. 56

buße von bereits Erworbenem „bezahlt", Figur 16: „Vater und Sohn halten sich fest an den Händen" (er hat die Ohren entdeckt).

Rück- bzw. Fortschritte lassen sich leicht ablesen: Bei den Figuren 3 und 6 bis 10 fällt die Vernachlässigung des Gesichtes zugunsten der Figurengliederung auf; Arm-Hand und Bein-Fuß werden vorerst noch gleichgebildet. Bei Figuren 1 bis 7 und 9 bis 10 überraschen die vielen Richtungsstriche. Sie sind z. T. entstanden aus einem vorherrschenden „Zwang" zur Wiederholung und der Freude am rhythmischen Setzen gleicher Formelemente („und noch ein Arm"). Zum anderen Teil handelt es sich um das „Nachhinken" einer Teilform, d. h. die

frühere Formgestaltung setzt sich noch einmal durch gegenüber dem neuen Vorstellungsbild des Kindes. Bei den Figuren 7 und 10 erfolgt freudig der Hinweis „schöns (K)leidle macht". Figur 3 wurde wohl unbewusst von den Zeichnungen der älteren Geschwister übernommen, doch gleichzeitig wird auf die „gekonnte" Primitivform (Figur 4), Kopf mit Punkthäufungen und mit Armen und Beinen, in gleichem Abstand gesetzt (= gleiches Sprechen der Teile im Ganzen), zurückgegriffen. Das zu rasch erworbene Neue ist eben noch nicht zum festen eigenen Besitz geworden. Mit Beginn der Trotzperiode sind schlagartig Gesicht und Haare da (Figur 12: Nase richtungs- und lagebeurteilt, der Mund noch in verkehrter Lage). Während in Figur 14 „verspätete" Kopffüßler auftauchen (einer in verkehrter Lage), werden bei Figur 17 fast zur selben Zeit Arme und Füße bereits zur Seite gewendet, Doppelstrich-Arme und erstmals „Fingerhände" gezeichnet. Der Rumpf ist zugunsten des Neuerworbenen ausgelassen. Bei Figur 21 erscheinen erstmals Hals und Mischprofil.

Es sei hinzugefügt, dass Hermann mit 1;10 zu kritzeln begann (sicherlich immer wieder dazu angeregt durch die älteren Geschwister und beeinflusst von ihren Zeichnungen; doch blieb er stets eigenständig). Bald kam er zu Kombinationen aus Rundung und Strich in Art der Figuren 1 und 4. Diese wurden öfter als Menschen („Mädele", Mutter) gedeutet. Sie traten gehäuft auf, besonders innerhalb einer als Haus bezeichneten einfachen geschlossenen Rundung oder ovalen Form.

Weiterhin lässt sich unschwer erkennen, wie stets das Allgemeine (menschliches Wesen) zuerst kommt, dann die Besonderung erfolgt (Mann, Frau, Junge, Mädchen, Hirte …), wie die Zeichnung immer reicher an Gestaltzügen, an Formgehalten wird und allmählich annähernd proportionierte Menschen gezeichnet werden können.

Das Bedürfnis und das Bemühen, Bewegung darzustellen, ist schon früh zu spüren. Dazu werden dann indirekte Kennzeichen verwendet. So bei den Figuren 12, 13, 14, wo das Zueinander der Personen mittels kurzer kräftiger Verbindungsstriche dargestellt ist und bei 21 und 22 durch das sorgfältig gezeichnete Sich-Berühren der Finger; weiter bei 16 mittels einer eigenen langen Verbindungslinie von Vater zu Sohn („so führen sie sich"), bei anderen Figuren durch Seitenwendung der Arme und Füße und Ausstellen der Beine.

Deutlich ist, jeder Fortschritt wird mit einem zeitweiligen Rückschritt bezahlt. Das Kind erarbeitet sich (oft mühsam) alle Formgebilde selbst und differenziert sie eigenständig weiter in steter Auseinandersetzung mit der sichtbaren Welt (wozu auch die eigenen Zeichnungen gehören). Der Begriff Schema ist daher auf die kindliche Darstellung nicht anwendbar, auch wenn das Kind längere Zeit eine erarbeitete Formauffassung beibehält. Die echten Formbildungen des Kindes sind „offen", d. h. sie sind entwicklungsfähig. Das Schema dagegen ist unveränderlich, soll es seinen Sinn nicht verlieren.

Die vorliegende Entwicklungsreihe ist demnach ein Dokument geistiger Entfaltung, und die kindliche Zeichnung erweist sich dabei als eine besondere geistige Leistung. (Wer beruflich mit geistig behinderten Kindern zu tun hat, weiß, welch schlechte Zeichner sie von Haus aus sind.)

Beispiel 2 (Abb. 73): Claudias Menschen-Zeichnungen im 3. bis 7. Lebensjahr.

Zusammenstellung nach den Originalen (z. T. verkleinert nachgezeichnet).

Das Aufrecht-Stehen des Menschen ist gleich zu Beginn durch einen Richtungsstrich charakterisiert. Interessant ist u. a. die Differenzierung des Gesichtes: zunächst nur angedeutet, entfaltet es sich bis zum Vollgesicht, dann über die sog. Mischprofile (Figuren 9 und 10) zum fast reinen Profil. Ferner sei auf die gesetzmäßige Entfaltung der Hände hingewiesen: Nach rechenartiger Gestaltung folgen ausgedehnte Finger (Figur 7), dann Handteller mit Strich-Fingern (Figuren 8, 9, 10) und ausgedehnten Fingern (ab Figur 11) und schließlich Hände, die mit Fingerzipfeln enden (Fig. 14). Unverkennbar ist mit dem zunehmenden Lebensalter des Kindes insgesamt

Abb. 73: Bildnereien des gleichen Kindes zeigen Abb. 55 und Farbtafel 1 oben und Farbtafel 4 oben

eine bessere Gestaltgliederung und Form-differenzierung gegeben.

Beispiel 3 und 4 (Abb. 74): Zeichnen des menschlichen Kopfes – vom „Vollgesicht" zu dessen „Seiten-Sicht".

Reihe I (Köpfe aus Menschenzeichnungen eines Mädchens) zeigt nur ein Stück des Weges zum Profilkopf, da mir keine weiteren Zeichnungen zur Verfügung standen; doch geben schon diese wenigen Beispiele einen guten Einblick in die seltsamen Wege der kleinen Zeichner und in die erstaunliche Vielfalt kindlicher Formbildung.

Figur 4 stellt ein sog. „gemischtes Profil" dar. Die Wendung des Kopfes zeigt sich erst im Ansatz: Der Mund ist in den Kopfumriss einbezogen, doch hinken Augen, Nase, Ohren und Haare dem Profileintritt des Mundes gleichsam nach (sie bleiben in ihrer gewohnten Stellung). In Figur 6 ist die Entwicklung zum reinen Profil ein Stück weitergediehen durch den „Verzicht" auf das zweite Auge, durch die mehr seitlich verlagerte Nase und vor allem durch den Richtungsverlauf der Haare.

Die Köpfe der Reihen II und III sind Menschenzeichnungen unserer Tochter Kathrin entnommen. In Figur 1 sehen wird in der Richtungsbestimmtheit der Haare bereits den ersten Schritt zur Seitenwendung des Kopfes. Figur 2 ist eine außergewöhnliche Formbildung: Trotz der Weiterentwicklung

Abb. 74: Vom gleichen Mädchen stammen die Bilder Abb. 42, Abb. 45 und die auf den Farbtafeln 10 unten, 13 oben rechts und 16 oben

des Gesichts zum Mischprofil zeichnet das Kind die Arme hier an den „Kopf" wie in früheren Menschenzeichnungen (doch ist andererseits durch die gemeinsam seitwärts gerichteten Arme auch ein gewisser Fortschritt gegeben). Kurz gesagt handelt es sich um das Überleben primitiver Formbestände in bereits weiter differenzierten Gebilden wie dies ja sehr häufig in Kinderzeichnungen der Fall ist.

In Figur 6 tritt endlich die Nase aus der Umrisslinie des Kopfes heraus, allerdings noch als in sich geschlossene selbstständige Einheit; in den letzten Figuren ist sie dann ebenso in den Kopf-Umriss einbezogen wie der Mund.

In den Figuren 6 und 9 sind je zwei Backen

zu sehen (Überbleibsel der früheren Form des Vollgesichtes). In Figur 8 ist der Mund zweimal gezeichnet. Doppelungen wie hier und in Figur 11 (zwei Ohren) kommen immer wieder auf dem Weg zur eindeutigen Profildarstellung vor; doch wird die Duplizität „eines Tages vom Kinde als solche und als unzulänglich erkannt und beseitigt" (Meyers[1], S. 110).

Beispiel 5 (Abb. 75, 76):

Aus der Fülle von Hermanns Hauszeichnungen im 2. bis 5. Lebensjahr sind hier charakteristische ausgewählt und chronologisch geordnet. Der „Wirklichkeit" wird dabei insofern nicht ganz entsprochen, als die meisten Hausdarstellungen aus inhaltlich umfassenderen Zeichnungen herausgelöst und z. T. verkleinert wurden. Auch blieb die farbige Gestaltung unberücksichtigt.

Um Missverständnissen vorzubeugen, sei noch erwähnt, dass diese Stufenfolge der Haus-Darstellung eine ganz individuelle ist. Sie dient lediglich dazu, die Entfaltungstendenz bzw. das „Wachstumsgesetz der Bildformen" (Herrmann) aufzuzeigen. Das heißt: Andere Kinder können wohl einen ähnlichen Weg der Formentfaltung gehen, aber sie müssen ihn *so* nicht gehen. Z. B. ist der Weg von rundförmigen oder ovalen Hausdarstellungen über „Zelthäuser" zu „Viereck-Häusern" ohne Weiteres möglich (s. Abb. 77).

Einen ganz anderen Weg der Entfaltung sehen wir in Abb. 78. Hier sind Kathrins Hauszeichnungen vom 2. bis 5. Lebensjahr zusammengestellt. Mit wenigen Ausnahmen hat sie immer nur so genannte Röntgenbilder gezeichnet.

Ein Blick auf Hermanns Entfaltungsreihe insgesamt zeigt suchende, unsichere Gestaltungen am Anfang, die nur allgemeine Grundzüge enthalten, und gut gefügte Haus-Darstellungen mit typischen Einzelheiten am Ende der Reihe. Damit wird die stete, geistige Auseinandersetzung des zeichnenden Kindes mit seinem Gegenstand deutlich. Keine Form ist ihm vorgegeben, jede muss es sich selbst erarbeiten. Hin und wieder „spielt" es auch mit den erworbenen gestalterischen Möglichkeiten (s. Figuren 9, 10, 11, 12). Oft gewinnt es dabei die nächst höhere Gestaltungsstufe.

Figur 1 meint nur Umschlossenes, Haus aus einem Formzug gebildet. Punkte stehen für Fenster, wahrscheinlich, weil ihre Form noch nicht fassbar ist oder Fenster in diesem Zusammenhang nicht wesentlich waren. Die außerhalb des Hauses liegenden Striche sind wahrscheinlich als Teilformen desselben gemeint.

Figur 2 ruht auf einem Richtungsstrich, Punkthäufungen deuten wieder Fenster an, doch die Türe wird bereits ausgedehnt gezeichnet.

Figur 3 ist beeinflusst durch gleichzeitiges „Häuschen-Legen" mit Stäbchen; daher die Richtungsstriche im Haus.

Figur 4 ist wohl mehr Zufallsergebnis als bewusst gestaltete Viereck-Form; im Innern Kreiskritzel (Fenster?) und Mensch.

Figur 5, ein Rückgriff auf „frühe" Form, wurde aus zwei schwungvoll gezeichneten Langrunden gebildet: Die innere Form bedeutet das „Haus", die äußere das Dach. Im Haus sind Menschen. Kommentar des Kindes: „Alle ins Haus neimalt."

Anfangs wird das Zeichenblatt noch häufig gedreht, was deutlich an den dargestellten Menschen im Hausinnern abzulesen ist. Später aber werden die Häuser stets fest auf einen Boden (-Strich) gestellt.

Erst ab Figur 6 finden wir (abgesehen von einigen Rückgriffen auf frühere Stufen) geradlinig abgegrenzte Vierecke. „Geradheit" kommt in diesem Falle eben erst nach „Rundheit", wie denn auch die bewusste Darstellung schräger Richtungen erst möglich ist, wenn „das Kind die einfachsten Winkelbeziehungen visuell zu beherrschen gelernt" hat (Arnheim); siehe Figuren 19 und 20. Einzelheiten wie Kamin, Rauch, Treppe, Vorhänge, Fensterkreuz und Dachplatten bereichern mehr und mehr die Zeichnungen. Sie werden in ihrer Größe immer mehr auf Höhe und Breite der Hauptformen abgestimmt.

Bei Figur 8 sehen wir den Versuch, ein Dach zu zeichnen. Der Formunterschied zum Unterbau ist gegeben. Anstelle des erst später verfügbaren dreieckigen bzw.

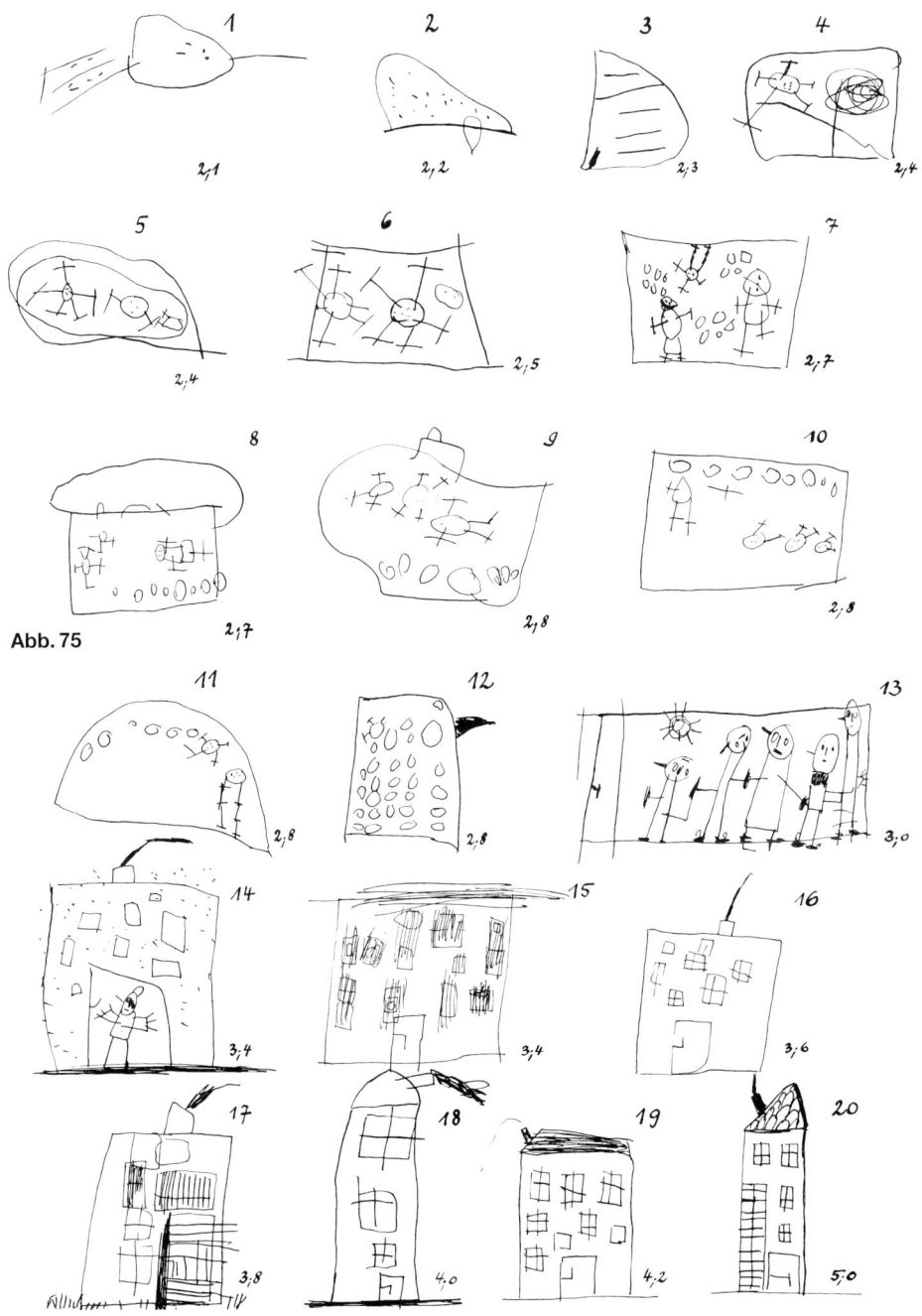

Abb. 75

Abb. 76

65

Abb. 77

Abb. 78

2;8   2;8   3;3   3;3

3;5   3;7   3;10   4;0

4;0   4;0   4;7   4;10

trapezförmigen Daches steht hier die „frühere" Form: das Langrund.

Aus den Punkt-Fenstern sind allmählich runde bzw. ovale und viereckige geworden. Anfangs willkürlich in die Fläche gesetzt, werden sie danach etwas regelmäßiger angeordnet.

Beispiel 6 (Abb. 79):

Bei der vorliegenden Entfaltungsreihe handelt es sich um Baum-Darstellungen unserer Tochter Sabine. Während im Allgemeinen in den frühen Baumzeichnungen der Kinder die Eigenschaft des „Gerichtetseins" zuerst ausgesagt wird (Baumzeichnung aus bloßen Richtungsstrichen), erscheint das „Ausgedehntsein" des Baumes diesem Kinde gleich zu Anfang als das charakteristische Merkmal.

Für die vorliegende Tabelle wurden die vielfach sehr bunten Baumformen nachgezeichnet, z. T. verkleinert und chronologisch geordnet.

Mit 3;6 Jahren zeichnete Sabine ihren „ersten" Baum (Figur 1). Der „Rund-Stamm" bedeutet natürlich keine querschnittartige Darstellung. Seine Form bezeichnet lediglich Ausgedehntsein. Noch fehlt die Richtung. (Die aus der Fachliteratur bekannten Entfaltungsreihen beginnen alle mit „gerichteten" Bäumen, denen Ausdehnungsgehalte noch fehlen.)

Die strahlig angebrachten Äste tragen Früchte. Ihre Form lässt noch deutlich die Herkunft aus der Spirale erkennen, die wiederum direkt aus dem motorisch-bedingten Kreiskritzeln herauswächst und „mehr dem Bewegungsimpuls als dem Formungsstreben verpflichtet ist" (Meili-Dworetzki). Ganz unter der optischen Kontrolle des Kindes aber steht bereits der kreisförmig gezeichnete Stamm. Die Umrisslinie wird so zum Ausgangspunkt zurückgeführt, dass keine Störung der Kurve zu erkennen ist; das Linienende mündet gezielt in den Ausgangspunkt ein. Figur 2 ist die primitivste Baumform dieser Reihe. Das Kind hat aus irgendwelchen Gründen nochmals auf sie zurückgegriffen. Ab Figur 3 differenziert sich nun das „Gleichrund" dadurch, dass in ihm ein Gehalt an Gerichtetsein ausgedrückt und daß dieser Gehalt in die Grenzziehung eingeschaltet wird. So wird aus dem „Gleichrund" ein „Hochrund", dann ein „Eckiges" usw.

In der Anordnung der Äste bei Figur 5 setzt sich noch einmal eine frühere Formauffassung durch.

Die Baumzeichnungen werden allmählich verfeinert durch die eindeutige Beziehung der waagerechten Äste zum senkrechten Stamm. Der Richtungsunterschied zwischen Stamm und Ästen ist dabei visuell auf das Deutlichste dargestellt.

Auf späterer Stufe stellt das Kind die Äste schräg zum Stamm, zuletzt gruppiert es sie zur Krone. Damit ist die alte Darstellungsweise (Äste rings um den Stamm) endgültig überwunden. In Figur 8 zeigt sich ein Rückschritt (Äste waagerecht zum Stamm) bei gleichzeitigem Fortschritt: Die Äste sind ausgedehnt und der Stamm organischer gezeichnet; die Früchte bzw. Blätter erhalten bereits Stiele. Bei Figur 9 sind die Zweige nicht in Wachstumsrichtung gezeichnet. D. h., dass immer wieder primitive Teilformen innerhalb einer höheren Darstellungsstufe „überleben" können.

Interessant sind auch die Versuche des Kindes, die Verbreiterung der Stammbasis bildnerisch zu lösen.

Das Frühmerkmal „bodennahe Äste" ist vollkommen verschwunden, während sich der Strichast immer noch behauptet.

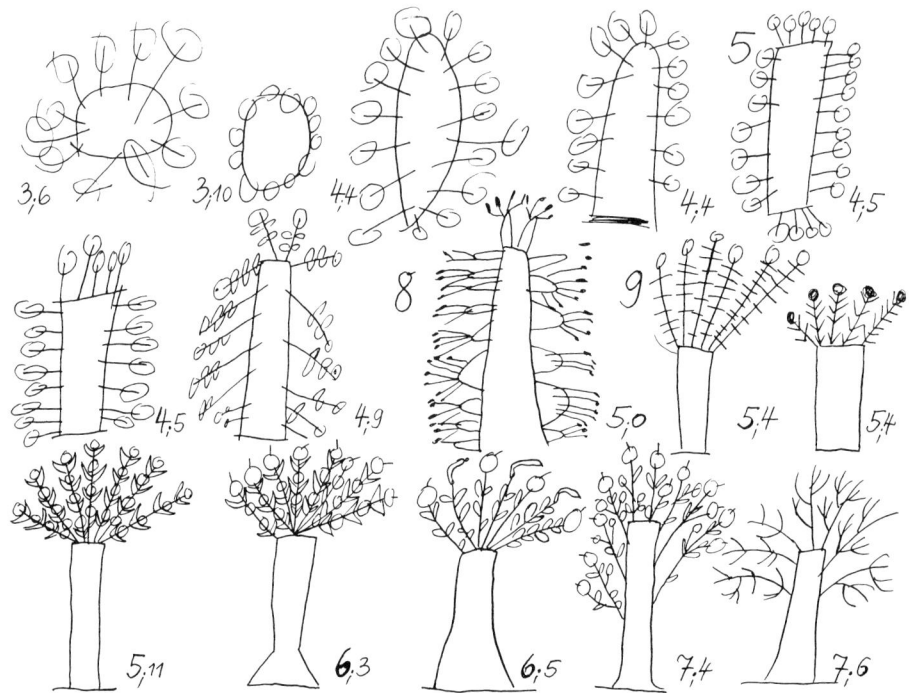

Abb. 79: Das gleiche Mädchen hat die Bilder auf den Farbtafeln 1 unten und 5 gestaltet

Exkurs: Zeichnen als psychodiagnostische Methode

Heute gehört sowohl das freie als auch das thematisch gebundene Zeichnen zu den Verfahren, die Psychologen bei der Untersuchung und Behandlung von Kindern sehr häufig anwenden. Dabei geht man von der übereinstimmenden Erfahrung aus, dass das Zeichnen als ein urtümlicher Ausdrucksvorgang eine ideale Projektionsmöglichkeit darstellt. Damit ist gemeint, dass ein Individuum, das aufgefordert wird, irgend etwas oder etwas Bestimmtes zu zeichnen, mit hoher Wahrscheinlichkeit in diesem Gestaltungsprozess seine eigene Persönlichkeit aufdecken wird. Speziell bei der Zeichnung eines Menschen erfolgt unbewusst eine Selbstdarstellung, wobei bestimmte Vorstellungen, Wünsche, Ängste etc. in die Figur hineinprojiziert werden. (Die analytische Interpretation der Zeichnung setzt umfassende tiefenpsychologische Kenntnisse und Erfahrungen voraus.) [42]

Das Zeichnen kann auch als ein Entwicklungstest für die geistige Reife eines Kindes angesehen werden; denn die Entwicklung der Zeichnung hängt ja weitgehend von den Fortschritten der Motorik, der Wahrnehmung und von der intellektuellen Reifung ab. Wie die Erfahrung lehrt, sind Debile und Imbezille besonders schlechte Zeichner. Ihre Zeichnungen sind um so

68

primitiver, je schwächer die intellektuelle Begabung ist. Die geistige Retardierung ist bis heute am besten erforscht.

Schon 1926 hat Goodenough einen Test zur Messung der Intelligenz anhand von Zeichnungen entwickelt (Draw-a-Man-Test), der allgemein anerkannt ist und gerade bei der Ermittlung eines Schwachsinns Hervorragendes leistet. Wie auch zahlreiche spätere Untersuchungen belegen, besteht eine recht hohe Korrelation zwischen den Resultaten des Draw-a-Man-Tests und den Werten der Intelligenztests.

In Anlehnung an die Arbeiten von Goodenough/Harris hat Ziler für den deutschsprachigen Raum einen Mann-Zeichentest (MZT) vorgelegt, der sich für eine „erste Beurteilung und Rangeinteilung" bei Vier- bis Dreizehnjährigen gut eignet. Als „stummer" Test kommt ihm besonders innerhalb einer Testbatterie Bedeutung zu bei Aufnahmeprüfungen für die Förderschulen und den verschiedenen Formen von Schulreifeprüfungen [43].

Eine sehr gründliche und umfassende Arbeit liegt von Koppitz vor. Sie hat in jahrelanger klinischer Arbeit und psychologischer Forschung den Zeichne-einen-Menschen-Test (ZEM) zur Beurteilung von Kindern ausgearbeitet und in einem Buch (Koppitz 1972) veröffentlicht. Wie sie schreibt, gehört der Test „schon deshalb zu den wertvollsten Methoden …, weil er gerade als Entwicklungstest und als projektive Methode verwendet werden kann" (a. a. O., S. 16).

Im Folgenden wird das Zeichnen als eine leicht zu handhabende Methode zur Beurteilung des allgemeinen Niveaus der geistigen Fähigkeiten eines Kindes (zwischen 5. und 10. Lebensjahr) dargestellt. Ich verwende diese Hilfsmethode im Rahmen meiner Arbeit zur Früherkennung und Früherfassung potenziell intelligenzbehinderter Kinder.

Bei Kenntnis der durchschnittlichen zeichnerischen Entwicklung des Kindes dürfte es nicht schwer sein, so Auskunft über den Entwicklungsstand (bzw. -rückstand) zu erhalten. Werden auch Sprache, Motorik (speziell Graphomotorik, Feinmotorik), Antrieb, Konzentration, affektives und soziales Verhalten eines Kindes in die laufenden Beobachtungen miteinbezogen, so ist mit Sicherheit eine *erste Beurteilung* (Grobdiagnose) möglich.

Zugegeben: Es ist nicht leicht, eine Lernbehinderung vor dem Schuleintritt festzustellen; und nach übereinstimmenden Erfahrungen ist es auch so, dass selbst gut und durchschnittlich begabte Kinder „schlechte" Zeichner sein können. Doch treffen wir in den Kindergärten auch immer wieder schwer Lernbehinderte an. Deren Zeichnungen sind jedenfalls sehr auffällig: sie liegen zwei und mehr Jahre unter der erwarteten Altersnorm und sind darüber hinaus quantitativ dürftiger und qualitativ strukturell andersartiger. Eine genaue Diagnose im Hinblick auf Art, Ausprägungsgrad und Ursachen der Behinderung zu stellen, bleibt immer Sache zuständiger Fachleute, ebenso wie die Frage nach der zukünftigen Entwicklung (Prognose) und den einzuleitenden Fördermaßnahmen (kompensatorische Erziehung, Spiel-/Verhaltenstherapie …).

Zur Methode

Es handelt sich nicht um einen sog. Zeichentest, auch nicht um eine einmalige Leistungsprüfung anhand einer einzigen Zeichnung. Vielmehr besteht die Methode darin, von einem auffällig gewordenen Kinde mehrere Zeichnungen in größeren zeitlichen Abständen anfertigen zu lassen, diese miteinander zu vergleichen und sich erst dann ein Urteil zu bilden. „Es hat sich nämlich gezeigt, dass es berechtigt ist, Bildungsfähigkeit anzunehmen, wenn innerhalb weniger Wochen deutliche Fortschritte in der zeichnerischen Entwicklung festzustellen sind" (Niekisch, S. 244 ff.). Das Kind wird aufgefordert, das zu zeichnen, was es will. Dazu erhält es ein Blatt Papier (im Format DIN A4), einen Bleistift und Radiergummi. Meist fällt es intelligenzschwachen Kindern schwer, von sich aus etwas zu zeichnen. Daher ist es zweckmäßig, ihnen einfache Zeichenmotive (Haus, Blume, Mensch) anzubieten oder sie aufzufordern, ihre Familie zu zeichnen. Bei gehemmten, ängstlichen Kindern kann man zunächst schematisierte Formen (Tanne, Haus, Tisch) vorzeichnen und diese dann unmittelbar nachzeichnen lassen. In der Regel ist so der Kontakt zwischen Prüfer und Kind gut herzustellen und das Vertrauen in seine Zeichenfähigkeit zu wecken, sodass es schließlich aufgefordert werden kann, selbst etwas zu zeichnen [44]. Die Auswertung der Zeichnungen erfolgt im Hinblick auf Inhalt und formale Struktur: dargestellte Objekte, ihre Beziehungen zueinander und im Bildraum, Fülle oder Kargheit, Gleichförmigkeit, Wiederholung, Überladenheit, Schablonenhaftigkeit, Seltsamkeit (evtl. Symbolwert der dargestellten Objekte beachten), allgemeiner Reifegrad der Zeichnung, Form der Objekte, Gliederung und Differenzierung, Darstellungsstil, Strichstärke u. Ä. m. Selbstverständlich werden auch alle Aussagen des Kindes sowie das Verhalten vor, während und nach dem Zeichnen berücksichtigt. Die genaue Datierung der einzelnen Zeichnungen ist selbstverständlich nötig.

Zum bildnerischen Verhalten intelligenzbehinderter Kinder

Den Kindern gelingen beim Zeichnen nur dürftige, grob umrisshafte Darstellungen oder Figuren mit geringer Binnengliederung und wenigen Gestaltmerkmalen. Manche zeichnen die Objekte sehr klein oder in eine Ecke des Zeichenblattes. Andere stellen dagegen die Dinge übermäßig groß dar, oft mit dicken Strichen und ohne das gegebene Blattformat zu berücksichtigen. Viele Zeichnungen machen den Eindruck der Leere, sind schlecht proportioniert und oft ohne rechten Zusammenhang. Nach Holzinger (S. 135) berücksichtigen sie die räumlichen Beziehungen nicht und wenden bildnerische Ordnungsprinzipien nicht oder nur beschränkt an. „Das Fortsetzen, Fortlegen oder Fortzeichnen von Mustern bereitet Schwierigkeiten: Nach einigen Wiederholungen tritt Gestaltzerfall oder zumindest eine Änderung des Musters auf." Darüber hinaus sind die Kinder unsicher im altersgemäßen Erkennen und Benennen der Farben und haben ein mangelhaftes visuelles Gedächtnis. In der Regel gelingt es ihnen nicht, altersgemäß nach- und auszumalen oder vorgezeichnete Linien nachzufahren. „Im Mann-Zeichentest (von Ziler; d. Verf.) bleibt die visuelle Differenzierungsfähigkeit dieser Kinder zwei bis drei Jahre unter der Altersnorm" (Holzinger, a. a. O.). Nach Neuhaus zeigen „Zehnjährige … nicht nur Darstellungsformen, wie wir sie etwa bei sechsjährigen normalen Schülern antreffen, sondern die wiedergegebenen Bäume, Personen, Szenen wirken darüber hinaus auch recht schablonenhaft und stereotyp. Selbst bei den älteren Schwachsinnsfällen treffen wie nicht selten das Kritzeln oder das analytische Zeichnen an, d. h., dass Gegenstände, Personen und Formen zerstückelt wiedergegeben werden. Ganz allgemein lässt sich sagen, dass bei intellektuell Rückständigen, Debilen und Imbezillen, die Zeichnungen um so primitiver sind, je schwächer die intellektuelle Begabung ist" (S. 92).

Einzelmerkmale:

● Sehr verspäteter Beginn des Kritzelns und langes Verharren in der Kritzelphase – oft bis ins Schulalter;
● unzulängliche Integration von Teilen einer Gestalt bzw. schlechter Zusammenhalt der Teile;
● unvollendete, entstellte Teile, fehlende Teile oder extremes Hervorheben eines Details; Tendenz zu Detailhäufung;
● Tendenz zur Physiognomisierung (Gesicht- und Gestalthineinsehen), z. B. Gesicht in Blume, Baumstamm oder Haus; Tiere mit Menschengesicht;
● Pars-pro-toto-Darstellungen (ein Teil einer Figur steht für die ganze Figur);
● Wiederholungen von Details, Gleichförmigkeit;
● Inversionen, Reversionen;
● Missproportionen (Verzerren der Figuren in Länge und Breite);
● Fortbestehen von Kritzelformen neben und innerhalb gegenständlicher Darstellung;
● „Schwebende" Figuren im Bildraum (die dargestellten Objekte haben keinen Bezug zum unteren Blattrand, d. h. zum Boden);
● Nichtbeachten von Größenverhältnissen bzw. keine Größenunterscheidung;
● übermäßig groß gezeichnete Dinge oder Details (da für den Zeichner affektiv bedeutsam – so genannte Ausdrucksproportion);

● gleichzeitige Darstellung von innen und außen („Röntgenbilder");
● Umklappung der Gegenstandsformen in die Zeichenblattfläche;
● in der Regel keine sachbezogene Farbgebung (willkürliche oder gefühlsbezogene Farbwahl);
● fehlerhafte Tendenzen bei einzelnen Inhalten, Darstellungsweisen, etwa
– *Baumdarstellungen:* wirre Striche – blumenähnliche Formen – waagerecht zum Stamm stehende Äste (größtmögliche Richtungsunterscheidung) – häufig nur Strichstamm – bei Doppelstrichstamm keine verbreiterte Stammbasis oder sich verjüngender Stamm – dürftige Kronenbildung – Kugelbäume (Schemaform).
– *Tierdarstellungen:* Vierbeiner als Zwei- oder Mehrbeiner – Zweibeiner als Mehrbeiner – „Menschengesicht" (Anthropomorphisierung), d. h. das jeweils charakteristische Tiergesicht ist nicht vorstellbar bzw. geistig fassbar; es wird daher analog zum Menschengesicht gebildet; Analogiebildungen: Schnabel für jede Tierart – Beine für Fische – große Ohren für Vögel – Menschenfüße an Tierbeinen usw.;
– *Hausdarstellungen:* rund- oder ovalförmige und schiefeckige Häuser – fehlende Dächer – runde Fenster – schiefstehende Kamine und Antennen – übergroße Fenster und Türen – durchsichtige Häuser, Zelthäuser.
– *Menschendarstellungen:* Kopffüßler – Weglassen des Körpers – Weglassen der Gliedmaßen – Strichbeine – Stricharme, waagrecht vom Körper weggehend (größtmögliche Richtungsunterscheidung) oder schräg nach oben gezeichnet – keine Finger oder unrichtige Fingeranzahl (rechen-, besenartige Fingergestaltung, Fingerzipfel) – Weglassen des

Halses, der Kopfhaare – meist verhältnismäßig großer Kopf – fehlendes Gesicht oder anstelle der Augen Gekritzel,
Punkte, leere Kreise, fehlende Pupillen –
Weglassen des Mundes oder auffallend
großer Mund – Weglassen der Ohren –
fehlende Kleidung – selten geschlechts-
spezifische Merkmale – Frontalstellung
der Figuren (bewegungslos) – Verzer-
rung des Körperschemas;

– *Abzeichnen elementarer geometrischer
Figuren* (Quadrat, Rechteck): Form wird
nicht erfasst oder ungenau wiedergegeben; Eckiges wird oft rundförmig dargestellt, bzw. die rund/ovale Form erhält
Striche nach außen als „Ecken" (Spitzig-
keit);

– *Abzeichnen schematischer Darstellungen*
(Haus, Tanne, Tisch, Gitter): Form wird
nicht erfasst, ungenau oder schlecht proportioniert wiedergegeben (bei Tanne
und Gitter falsche Anzahl der Äste bzw.
Stäbe – beim Haus fehlendes Fenster,
fehlender Kamin, fehlendes Dach, rundförmiges oder schiefwinkeliges Haus –
beim Tisch keine Schublade oder Draufsicht u. Ä.) [44].

Fallbeispiele

Die hier vorgestellten Kinder besuchen
mittlerweile Förderschulen. Daten zur Le-
bensgeschichte des einzelnen Kindes, Aussagen von Erziehern und Ergebnisse aus
Intelligenzprüfungen werden insofern mit-
geteilt, als sie den jeweiligen Fall zu veranschaulichen und den diagnostischen Wert
der Zeichnungen zu unterstreichen vermögen. Untersuchungsanlass war jeweils ein
von den Erziehern beobachtetes, nicht
altersgemäßes Verhalten. Die Zeichnungen
sind chronologisch geordnet, das jeweilige
Lebensalter des Kindes ist angegeben. Aus

Platzgründen und um die Übersichtlichkeit
zu wahren, sind hier nur die wichtigsten
Zeichnungen der Kinder wiedergegeben.

Fall 1

M. Sch., Junge, lernbehindert. Nach zwei
Jahren Kindergartenbesuch fünf Jahre in
einer Waldorfschule, dann Förderschule
für Lernbehinderte, jetzt 8. Klasse,
(Abb. 80 a–d).

Aus dem Bericht zur Intelligenzprüfung:
Nach Aussagen der Adoptiveltern (Vater
Ingenieur, Mutter Hausfrau – gelernte
Kinderkrankenschwester) war die leib-
liche Mutter bei der Geburt des Kindes
15-jährig, Hilfsschülerin, „Kettenrauche-
rin", der Vater unbekannt.

Die Aussagen der Erzieherin werden von
den Eltern bestätigt: M. ist in seiner Entwicklung zurück und im Alter von 6 Jahren
und 3 Monaten sicher nicht volksschulfähig. Er ist sehr ängstlich, hat Angst vor
bloßem Papierrascheln und in fremder
Umgebung. Er interessiert sich für Musik
und ist sicher im Singen und Wiedererken-
nen von Melodien. Aber er ist unkritisch
und distanzlos, oberflächlich, fahrig, bleibt
nicht lange bei einer Beschäftigung und
spielt lieber mit jüngeren Kindern.

Die Mutter berichtet, dass M. seit seinem
zweiten Lebensjahr schielt (das Schielen
sei plötzlich aufgetreten) und eine Augen-
operation bevorstehe (inzwischen erfolgreich durchgeführt). Gehen und Sprechen
habe der Junge zur normalen Zeit erlernt,
und die Reinlichkeitserziehung sei pro-
blemlos verlaufen.

M. ist groß, schlank, gesund, trägt eine
Brille; der Zahnwechsel hat bereits einge-
setzt.

Bei der ersten Überprüfung ist M. 6;4 Jahre
alt, er fragt viel (ohne die Antwort abzu-
warten), redet viel, will den ganzen Raum

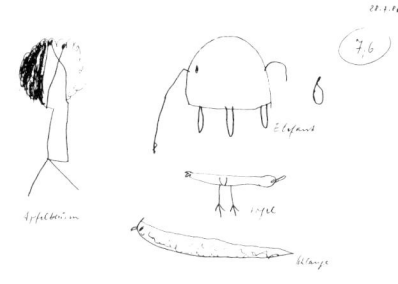

Abb. 80 a: Apfelbaum (1), Haus (2), Vater (3), Mutter (4), M. selbst (5), Susi (6); M. Sch., 6;4 Jahre

Abb. 80 c: Apfelbaum (1), Elefant (2), Vogel (3), Schlange (4); M. Sch., 7;6 Jahre

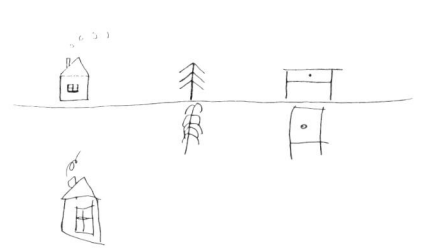

Abb. 80 b: Abzeichenversuch (unten) nach Vorlage (oben); M. Sch., 6;10 Jahre

Abb. 80 d: Frau und Mann; M. Sch., 7;6 Jahre

erkunden, verhält sich distanzlos bis aufdringlich. Er zeichnet bereitwillig, unbekümmert, verliert jedoch – wie bei allen späteren Prüfungen – rasch das Interesse daran und möchte immer lieber anderes tun dürfen.

Die Prüfung mit dem Hamburg-Wechsler-Intelligenztest für das Vorschulalter (HAWIVA) bestätigte die vermutete Lernbehinderung (Verbalteil IQ: 77,5, Handlungsteil IQ: 77,5, Zusatztest 92 und 77,5). Die nach einem Jahr durchgeführte Intelligenzprüfung mit dem Test für das Kindesalter (HAWIK) erbrachte einen IQ von 74. (IQ = Intelligenzquotient)

Fall 2

M. F., Junge, lernbehindert, Eltern Arbeiter. Fünf Jahre Grundschule (eine Wiederholung), jetzt Förderschule, 8. Klasse (Abb. 81 a, b).

Aus dem Bericht zur Intelligenzprüfung: Nach den Aussagen der Erzieherin spielt M. am liebsten mit jüngeren Kindern. Allen Aufgaben weicht er nach Möglichkeit aus. Er ist seinem Alter entsprechend körperlich gut entwickelt und gesund.

M. ist 5;10 Jahre alt, als ich ihn erstmals (grob) überprüfe. Ergebnis: Sehr geringer Wortschatz, kennt weder einen Abzählreim noch ein kleines Gedicht; ist nicht in der

Lage, Sätze von acht Silben Länge (Items für Vierjährige, Probst-Test) nachzusprechen, kann Münzen und die einzelnen Finger der menschlichen Hand nicht benennen; sichere Rechts-links-Unterscheidung ist ihm nicht möglich; kann Tageszeit, Wochentag nicht angeben; kennt nicht die Vornamen von Vater und Mutter; kann nicht vier Dinge mit den Fingern abzählen; kennt die Grundfarben nicht; gibt das eigene Alter durch Hochhalten einer Hand an; zeigt geringes Aufgabenverständnis; seine Zeichnungen sind sehr primitiv.

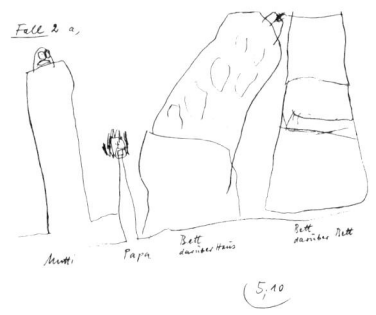

Abb. 81 a: Mutti (1), Papa (2), Bett, darüber Haus (3), Bett, darüber Bett (4); M. F., 5;10 Jahre

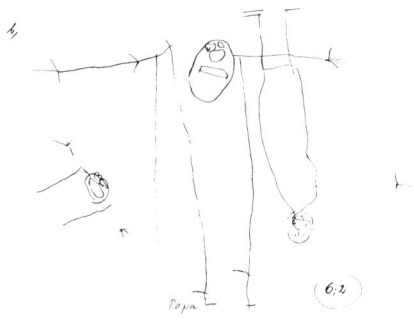

Abb. 81 b: M. selbst (1), Papa (2), Mutti (3); M. F., 6;2 Jahre

Eine später erfolgte Überprüfung mit dem HAWIVA erbrachte im Verbalteil einen IQ von 62,5, im Handlungsteil einen von 77,5 (Zusatztests 62,5 und 70).

Fall 3

W. P., Junge, lernbehindert, Vater Handwerksmeister und Geschäftsmann, Mutter Hausfrau (Abb. 82 a – d.).

Aus dem Bericht zur Intelligenzprüfung:

Die Erzieherin berichtet, dass W. (5;10) sich ausgesprochen kleinkindlich verhält, scheu und ängstlich ist, seinen Kopf meist schief und gesenkt hält, schlecht spricht (verwaschen) und rasch ermüdet. Bei der Arbeit in der Gruppe ist er nervös, weicht der Arbeit aus. W. steht meistens nur herum. Die Mutter ist zu keinem Gespräch bereit; ja, sie weicht sichtlich aus.

W. macht den Eindruck eines hilflosen Kindes. Auf meine Fragen nickt er nur mit dem Kopf. Zum Zeichnen ist er bereit. Bei meinem nächsten Besuch im Kindergarten zeigt er mir sein Lieblingsspiel – ein Puzzle (für etwa Vierjährige). Nach dem Abzeichenversuch zeichnet er spontan viele „Lastwagen" (Abb. 82 c). Da ich einen Augenfehler des Jungen vermute, werden die Eltern gebeten, das Kind diesbezüglich untersuchen zu lassen. Ergebnis: W. ist weitsichtig und trägt nun eine Brille. Die Erzieherin meint, W. ist seitdem sicherer im Auftreten.

Der zu einem Gespräch gebetene Vater berichtet, dass sein Sohn jede Nacht einnässe, fürchterliche Angst vor Rasenmähern habe, nie sinnvoll spiele, Spielzeug lediglich hin- und herschiebe. Seit dem zweiten Lebensjahr sei ihm die Entwicklung des Kindes nicht richtig vorgekommen. Auch sein zweiter Sohn (3;6) sei behindert und in ärztlicher Behandlung. Seine Frau sei sehr

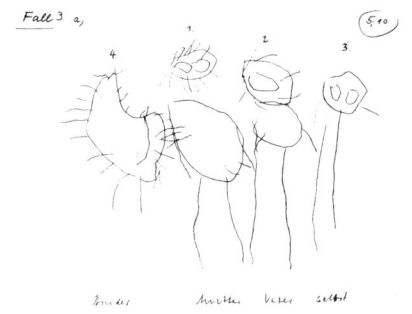

Abb. 82 a: Bruder (1), Mutter (2), Vater (3), W. selbst (4); W. P., 5;10 Jahre

Abb. 82 c: Lastwagen, W. P., 5;10 Jahre

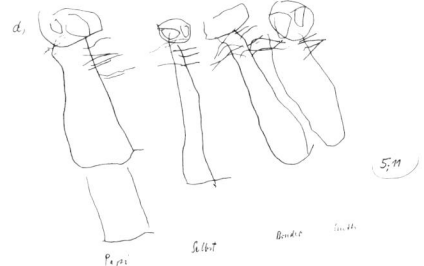

Abb. 82 b: Abzeichenversuch (unten) nach Vorlage (oben); W. P., 5;10 Jahre

Abb. 82 d: Papi (1), W. selbst (2), Bruder (3), Mutti (4); W. P., 5;11 Jahre

nervös, habe in ihrer Kindheit einen schweren Unfall (Sturz) gehabt.

Die Überprüfung des Jungen mit dem HA-WIVA (auf drei Tage verteilt) erbrachte im Verbalteil einen IQ von 72, im Handlungsteil einen von 70 (Zusatztests: 100 und 70). Der Vater war sofort mit dem Vorschlag einverstanden, W. in eine schulvorbereitende Einrichtung für Entwicklungsverzögerte und Sprachbehinderte zu überweisen. Inzwischen besucht W. eine Förderschule (L).

Fall 4

Th. R., Junge, lernbehindert. Vier Jahre Grundschule (eine Wiederholung), danach Förderschule, jetzt 7. Klasse (Abb. 83 a–d).

Aus dem Bericht zur Intelligenzprüfung:

Von den sieben Kindern der Familie besuchen drei eine Sondervolksschule für Lernbehinderte. Vater Arbeiter, Mutter Hausfrau. Die Familie bewohnt eine Zweizimmerwohnung.

Th. (6;3) ist groß, dick, gutmütig, träge, tolpatschig; sein Wortschatz ist dürftig, er stammelt. Seit drei Jahren besucht er ganztägig den Kindergarten und soll nach dem Willen der Eltern eingeschult werden. Die Erzieherin hält Th. für nicht volksschulfähig, sondern für ausgesprochen dumm.

Eine Grobprüfung des Jungen bringt folgendes Ergebnis: Mangelndes Aufgabenverständnis, mangelhafte Orientierung am eigenen Körper und in Zeit und Raum, unsicher im Farbenerkennen bzw. -benennen; beim kritischen Beobachten erhält er 1 Punkt von 8 möglichen; beim Formauffassen 4 von 8 möglichen; beim Erfassen von Mengen 3 von 8 möglichen Punkten; mangelhafte Konzentrationsfähigkeit, rasche Ermüdung. Mein Bemühen, Th. in eine Förderschule (L) einzuschulen, scheitert am Widerstand der Eltern. Einige Wochen nach Eintritt in die Grundschule nässt Th. jede Nacht in das Bett; später deshalb stationäre Behandlung in einer Kinderklinik.

Im Verlauf einer vierjährigen Betreuung des Jungen führe ich drei Intelligenzprüfungen durch: Kindergarten (6;3): HAWIVA – Verbalteil 70, Handlungsteil 70; 1. Klasse (7;6) HAWIK – IQ 76; 2. Klasse (8;6): HAWIK – IQ 74.

Fall 5

S. B., Mädchen, lernbehindert, Vater Architekt, Mutter Hausfrau (Abb. 84 a–d).

Abb. 83 a: Meine Familie (obere Reihe: Geschwister, unten: Papa und Mutti); Th. R., 6;3 Jahre

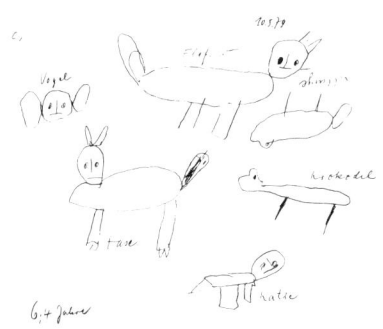

Abb. 83 c: Vogel (1), Hase (2), Elefant (3), Schlange (4), Krokodil (5), Katze (6); Th. R., 6;4 Jahre

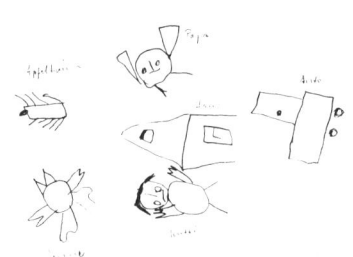

Abb. 83 b: Apfelbaum (1), Sonne (2), Papa (3), Haus (4), Mutti (5), Auto (6); Th. R., 6;3 Jahre (in dieser Lage gezeichnet)

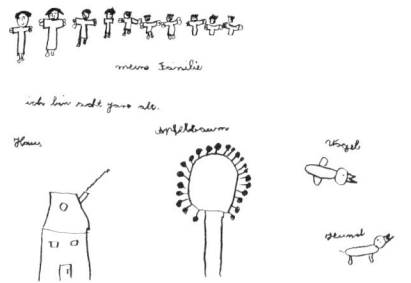

Abb. 83 d: Meine Familie/Ich bin 8 Jahre alt (oben), Haus (1), Apfelbaum (2), Vogel (3), Hund (4) (unten); Th. R., 8;4 Jahre

Aus dem Bericht zur Intelligenzprüfung: Mit sechs Jahren noch auf dem Entwicklungsstand eines etwa vierjährigen Kindes. Nach Aussagen der Mutter war das Kind eine Mangelgeburt. Das Kind ist klein, hübsch, zart, zierlich, häufig krank, isst sehr schlecht und magerte zeitweilig so ab, dass die Einweisung in eine Kinderklinik während ihrer Kindergartenjahre jeweils für mehrere Wochen nötig geworden war. Obwohl schon sechs Jahre alt, kritzelt S. immer noch. Mit 6;8 gelingen ihr erste gegenstandsbezogene Zeichnungen, die dürftig und auffallend andersartig sind.

Die Erzieherin berichtet, dass das Kind in der Gymnastikstunde nicht in der Lage ist, mehrere Bewegungsanweisungen zu erfassen und auszuführen, wie sie eigentlich bereits Fünfjährige beherrschen. S. entspricht etwa einer Vierjährigen, die 1 bis 3 Anweisungen erfasst. Das soziale Verhalten entspreche ebenfalls nicht ihrem Alter. Das Mädchen isoliert sich, ist kaum in der Lage zu kooperieren und spielt meist nur in der Puppenecke.

S. wird wegen körperlicher Schwäche zweimal vom Schulbesuch zurückgestellt und verbleibt im Kindergarten. Mit 9;3 Einschulung. Nach fünf Monaten Schulbesuch versagt das Kind vollkommen, wird krank.

Die Aussagen der Lehrerin: Erscheinungsbild einer Fünfjährigen; spricht sehr wenig; rechnet stets mit den Fingern (Mengenauffassung 3 nicht auf einen Blick möglich); das Lesen (Zusammenlesen) macht große Schwierigkeiten (am ehesten gelingen Wörter, bestehend aus drei Buchstaben, der Sinn des Gelesenen wird selten erfasst); Schreiben zufriedenstellend. Beim Sport sehr ängstlich, wirkt verkrampft, zittert oft so, als fröre sie. Verglichen mit den Leistungen der Schwächsten der Klasse liegt S. in ihren Leistungen noch darunter. Das Mädchen ist nicht fähig, die Grundschule zu besuchen.

Es erfolgte die Sichtung durch die zuständige Förderschule (L) (IQ = 64 HAWIK) und Überweisung an diese.

Die Reihe der Beispiele könnte fortgesetzt werden. Bei allen Kindern wurden schon frühzeitig deutlich verminderte Intelligenzleistungen, eine gestörte Wahrnehmung, Motorik und Sprache diagnostiziert. Aber aufgrund der bestehenden gesetzlichen Bestimmungen war es nicht möglich, sie sofort an die Förderschule zu überweisen (von wenigen Ausnahmen abgesehen). Die Kinder haben dadurch sehr viel Zeit für eine ihnen angemessene Beschulung verloren.

Abb. 84 a: S. B. Zeichnung im Alter von 6;4 Jahren

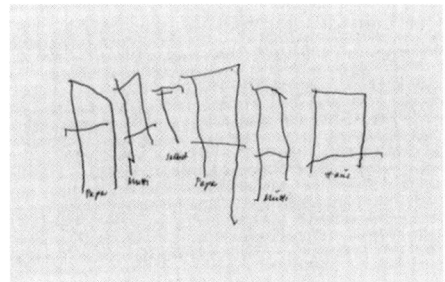

Abb. 84 b: Papa (1), Mutti (2), S. selbst (3), Papa (4), Mutti (5), Haus (6); S. B., 6;10 Jahre

Abb. 84 c: Mutti (1), Haus (2), Apfelbaum (3); S. B., 7;8 Jahre

Abb. 84 d: Puppen (3), S. selbst (2), Mutti (1); S. B., 8;9 Jahre

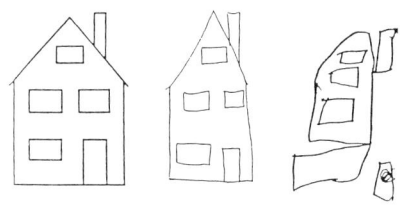

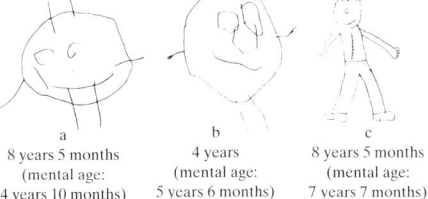

a
8 years 5 months
(mental age:
4 years 10 months)

b
4 years
(mental age:
5 years 6 months)

c
8 years 5 months
(mental age:
7 years 7 months)

Abb. 85: Beispiel aus einem Formwiedergabe-test zur Diagnose der MCD (Minimale cerebrale Dysfunktion). Links die Vorlage, in der Mitte die Nachzeichnung eines gesunden sechsjährigen Mädchens, rechts die Zeichnung eines gleich-altrigen Jungen mit MCD. (Aus: Spielen und Lernen, 1987)

Abb. 86: Die Zeichnung (a) eines Kindes (8;5) mit großen Lernschwierigkeiten ist der von einem jüngeren Kind (4;0) ähnlich (b) und viel weniger reif als eine von einem normalen Kind (8;5), Figur (c). (Aus: M. Cox, Children's Drawings. London 1992)

Die zeichnerische Reproduktion visueller Vorlagen ist zu einem wichtigen Diagnostikum von organisch bedingten (Hirnschäden) intellektuellen Retardationserscheinungen geworden (vgl. Abb. 80 b, 82 b und 85).

Als gesichert kann ebenso gelten, dass die freie Kinderzeichnung ein Spiegel von Entwicklungsfortschritten und der kindlichen Persönlichkeit ist. Es zeigen sich in ihr: Zunehmende Differenzierung, Angleichung an die Realität, intellektuelles Reifeniveau, entwicklungs- und hirnorganische Störungen. Mit den bekannten Intelligenztests Stanford-Binet-Test und der Hamburg-Wechsler-Intelligenz-Skala bestehen stark positive Korrelationen (vgl. Fallbeispiele).

Zeichnen und Malen bei pädagogischer Führung

Lehrabsichten

Kunstunterricht beinhaltet heute nicht nur Malen und Zeichnen, sondern auch plastisches Gestalten, räumliches Bauen u. a. m. Die hier getroffene Einengung erfolgt bewusst aufgrund der Tatsache, dass heute im Elternhaus und Kindergarten wohl viel gezeichnet und gemalt wird, doch gerade hierbei die größten Fehler begangen werden. Mit dem bloßen „Sichentfalten-Lassen" des Kindes ist es ja nicht getan. Die Kinder werden die einmal erarbeiteten ersten Gegenstandsformen relativ gleichbleibend wiederholen, wenn ihnen keine Anregung gegeben wird und keine Probleme gestellt werden, die es zu bewältigen gilt. Aber auch isolierte Maßnahmen genügen nicht, um die bildnerischen Fähigkeiten entsprechend fördern zu können. Es geht also darum, planmäßig mit den Kindern zu arbeiten und einen allgemeinen bildnerischen Erfahrungsgrund zu legen. Ich schlage deshalb vor, Vorschulkinder jeweils nur in kleinen Arbeitsgruppen zweimal pro Woche für etwa 30–40 Minuten zum bildnerischen Gestalten zusammenzufassen und – für die Fünf- bis Sechsjährigen bereits unterrichtsähnliche Situationen herbeizuführen.

Das planmäßige Arbeiten mit den Kindern sollte sich auf die Entwicklung des Kindes im Hinblick auf sein praktisch-technisches Können, auf sein Gestaltungsvermögen und schließlich auf die Entwicklung besonderer Verhaltensweisen richten. Die Eigenart der kindlichen Bildsprache ist stets zu berücksichtigen.

Praktisch-technisches Können:

Förderung der Handgeschicklichkeit und der Sicherheit im richtigen Gebrauch der Geräte und Werkzeuge und im Umgang mit verschiedenem Material (z. B. beim Falten, Schneiden, Kleben, Reißen von Papier u. Ä., beim Anrühren von Farben, im Gebrauch von Breit- und Rundpinsel).
Kennenlernen und Anwenden einiger bildnerischer Techniken (z. B. Malen mit Deckfarben, Zeichnen mit Filzschreiber).

Gestaltungsvermögen:

Differenzieren der ersten einfachen Gegenstandsformen für Mensch, Haus, Tier, Pflanze usw.
Verwirklichen elementarer Bildordnungsweisen wie Streuung, Reihung, Zentrierung.
Anwenden von Größen-, Richtungs-, Form-, Mengen-, Hell-Dunkel-Kontrasten.
Gebrauch der Farbe zur Unterscheidung und Kennzeichnung der Dinge.
Ordnen von Formen und Farben zur bildnerischen Einheit unter Ausnützung der Blattgröße.

Verhaltensweisen:

Ermutigen zur eigenständigen bildhaften Aussage und zur freien Entfaltung auch an großen Bildformaten.
Erziehen zu Hingabe und Ausdauer.
Entwickeln der Sensibilität, Aufnahmebereitschaft, Beweglichkeit und Kritikfähigkeit gegenüber der eigenen und fremden Arbeit, Förderung der Kreativität [45].
Fördern des Verständnisses für Gestaltungshinweise, und entwickeln sprachlicher Fähigkeiten im Zusammenhang mit der bildnerischen Arbeit. Vertraut werden mit „bildnerischem Denken".

Sachbereiche Zeichnen und Malen

Selbstverständlich vermögen Kinder ihr bildnerisches Tun nicht nach den Sachbereichen Grafik, Malerei usw. zu unterscheiden oder sich gar danach zu richten. Ihnen ist vielmehr jedes Ausdrucksmittel als solches recht und höchst willkommen. Zeichnen und Malen ist für sei eins. Doch wird es, im Zusammenhang mit einer Didaktik des gesamten Kunstunterrichts gesehen, sinnvoll sein, den Kindern allmählich doch Aufgaben zu stellen, die mehr das „reine" Zeichnen und „reine" Malen fordern und fördern. Damit ist aber keinesfalls ein formales, rein abstraktes Arbeiten gemeint. Das gegenständliche Thema oder Motiv ist für Kinder im Vorschulalter entscheidend wichtig. Gemeint ist hier lediglich die inhaltliche Einengung des Themas und die Konzentration auf jeweils bestimmte bildnerische Probleme. Erst dadurch ist es nämlich möglich, dass sich Kinder systematisch Erfahrung, Wissen und Können aneignen. Eine Selbstkontrolle ist zudem leichter möglich, da das reduzierte Thema überschaubar ist. Auch Beurteilungskriterien sind so unschwer zu gewinnen. Selbstverständlich müssen daneben immer wieder weit gehaltene Aufgaben gegeben werden, die dem Kinde genügend freien Spielraum gewähren; das heißt aber auch, daß überschüssige motorische Energien abreagiert werden dürfen und ungehemmte Niederschrift erlaubt sein muss. Auf die Abbildung solcher Arbeiten wurde hier verzichtet. Sehr beachtenswert ist in diesem Zusammenhang die kritische Äußerung Rudolf Arnheims, dass die moderne Kunsterziehung aus den Methoden und Ergebnissen der Psychologie wohl viel Nutzen zieht, aber bisher eine einseitige Betonung auf die Kunst als Ausdruck von Gefühlen, Konflikten, Bedürfnissen usw. gelegt wurde. „Aus diesem Grund hat sich eine Art Monopol für Werkzeuge entwickelt, die den spontanen Strich, den impulsiven Einfall und die Wirkung amorpher Farbe begünstigen und die Genauigkeit einer visuell kontrollierten Form behindern. Breite Pinsel und tropfende Staffeleifarben zwingen das Kind, ein einseitiges Bild seines Bewusstseinszustandes zu entwerfen, und die Möglichkeit kann nicht ausgeschlossen werden, dass die Bildart, die es hervorbringen darf, ihrerseits seinen Bewusstseinszustand beeinflusst. Unzweifelhaft haben die modernen Methoden denjenigen Seiten des kindlichen Bewusstseins eine Wirkungsmöglichkeit geboten, die sonst bei der traditionellen Methode, mit gespitztem Bleistift ein Modell zu kopieren, verkümmert wären. Es ist aber auch gefährlich, das Kind daran zu hindern, seine bildnerischen Arbeiten zur Klärung seiner Beobachtung der Wirklichkeit und zum Lernen von Konzentration und Ordnungsschaffen zu benutzen. Ungeformtes Gefühl ist nicht das erwünschte Endergebnis der Erziehung und kann daher auch nicht als Mittel benutzt werden. Die Ausrüstung eines Zeichensaales und die Ansichten eines Kunsterziehers sollten daher umfassend und hinreichend vielseitig sein, um jedes Kind zu jeder Zeit als ganze Persönlichkeit handeln zu lassen" (Arnheim, S. 176). Für das Arbeiten in den Sachbereichen Grafik und Malerei seien folgende Aufgaben genannt:

Sachbereich Zeichnen:

Bildnerische Mittel: Punkt, Linie, Fläche. Zeichnen mit der Linie, die Formen umgrenzt, Formen gliedert, mustert, strukturiert.

Abb. 87: „Struwwelpeter", Mädchen, 5–6 Jahre (Wachskreidezeichnung)

Abb. 88: „Zugvögel", Mädchen, 6 Jahre (Faserstiftzeichnung)

81

Zeichnen mit Bleistift, Kugelschreiber, Filzstift, Kreide oder Pinsel und Tusche. (Vergleiche dazu die Abbildungen 87 „Struwwelpeter", „Hurra, es schneit", „Lok mit Führer", „Mutti geht in ihrem schönsten Kleid spazieren", 94 „Vater liest die Zeitung", 93 und die Abb. 98, 99.)

Sachbereich Malen:

Bildnerische Mittel: Farbfleck, Farbfläche. Malen mit reinen Farben, mit gemischten Farben. Malen mit Deck- und Leimfarben, malen aus dem Farbfleck, deckend malen, malen mit Breit- und Rundpinsel. (Vergleiche dazu die Farbtafeln 6 und 7 „Blumen", 12 „Kreise", 13 „Unter der Dusche", 13 „Kind auf Badedecke", 13 „Mädchen mit Luftballons", 14 „Kind im Garten", 16 oben „Spaziergang", Abb. 91, 92 und 101.)

Themen und Bildanlässe

Entscheidend für das Gelingen bildnerischer Arbeiten ist die richtige Themenwahl. Die Themen müssen den aktuellen Intereressen und geistigen Bedürfnissen der Kinder entsprechen und sich im bildkünstlerischen Sinne verwirklichen lassen. Kurz gesagt, sie müssen kindgemäß und bildgemäß sein. Da die Kinder primär an Gegenständen interessiert sind, sollte die erfahrbare Umwelt den inhaltlichen Bezugsrahmen für die Gewinnung der Themen abgeben. Die Erzieher werden also hauptsächlich Menschen und Tiere, Häuser, Autos u. dgl. zeichnen und malen lassen. Da die Tätigkeiten des Zeichnens und Malens vom Vorschulkinde noch als Einheit aufgefasst werden, ist es ratsam, rein grafi-

sche Bildlösungen nur dann zu verlangen, wenn das Thema farbig uninteressant ist, eine spezifisch grafische Lösung naheliegt oder in einem sachlogischen Zusammenhang mit vorausgegangenen bildnerischen Problemen steht und darauf aufbaut.

Das Schwergewicht sollte aber auf „malerischen Themen" liegen, wobei die Kinder zunächst mit Wachsmalkreiden, dann aber vorwiegend mit Deckfarben und Leimfarben auf großen Blattformaten arbeiten. Eine Vielzahl von einzelnen Zeichen- und Malthemen aufzuführen ist nicht sinnvoll, da zum einen die Interessen, Erfahrungen und Wünsche von Stadtkindern sicherlich andere sind als die von Kindern auf dem Lande, zum andern keine Kindergruppe der anderen gleicht und die Voraussetzungen und Bedingungen, unter denen gearbeitet wird, jeweils verschieden sind. Es sollen dafür einige Themenkreise genannt werden, aus denen die Bildmotive gewonnen werden können.

Der Mensch – Beziehungen zwischen Menschen. Z. B. Selbstbildnis, Brautpaar, Faschingsprinzenpaar fährt auf einem großen Wagen.

Der Mensch bei der Arbeit und in der Freizeit. Z. B. Briefträger, Vater sitzt im Sessel und liest die Zeitung. Ich spiele mit Mutti Federball.

Der Mensch und seine Beziehungen zu Tieren und Pflanzen. Z. B. Kind führt Hund spazieren. Der Gärtner gießt seine Blumen.

Der Mensch in seiner städtischen und ländlichen Umgebung. Z. B. Am Fischteich im Stadtpark, Hochhäuser, Hühnerfüttern, Auf dem Bulldog fahren.

Märchen, Geschichten, Gedichte.

Der häufigste Fehler bei der Themenstellung ist nun darin zu sehen, dass die Aufgabe zu allgemein, zu umfassend gehalten ist. Das Thema muss – inhaltlich gesehen – reduziert angeboten werden. Es sollte also z. B. nicht heißen: Zeichnet oder malt, was ihr im Zirkus gesehen habt, sondern: Zeichnet, wie der Artist auf dem Pferd einen Handstand macht. Oder: Malt den Clown, wie er gerade die große Posaune bläst. Weitere Malaufgaben: Ein dicker, leuchtender Käfer auf dem Waldboden. Rotes Auto vor einem Bretterzaun. Die Hexe geht durch den dunklen Wald. Auf dem Meeresboden spielt sich etwas ab.

In der Regel wird aus der Umwelt des Kindes ein Motiv für die Bildgestaltung gewonnen. Die Dinge, Situationen oder Vorgänge müssen aber den Kindern doch so bekannt sein, dass sie zu Beginn der Arbeit

in Erinnerung gerufen, verlebendigt bzw. vorgestellt werden können. Auf Formen und Farben der Dinge, auf die Bildordnung der Objekte ist dabei stets hinzuweisen. Immer wieder kann ein gemeinsames Erlebnis (z. B. eine Tier-Wanderschau, ein Töpfermarkt) Anlass zu bildnerischem Schaffen werden. Auch in solchen Fällen ist es ratsam, den Erlebniskomplex einzugrenzen.

Hin und wieder kann auch die altersstufengemäße Literatur zum Bildanlass werden. Kurze Geschichten, Märchen oder Gedichte, die durch anschauliche Szenen, überschaubare Situationen, klare Bildvorstellungen aufbauen und die Kinder zu einer bildhaften Gestaltung zu reizen ver-

Abb. 89: „Hurra, es schneit!", Mädchen, 5;0 (Bleistiftzeichnung)

Abb. 91: „Mein Aquarium", Junge, 5;6 (Deckfarbenmalerei)

Abb. 90: „Lok mit Führer", Junge, 4;10 (Kreidezeichnung)

Abb. 92: „Der Tierpfleger spritzt den Elefanten ab", Mädchen, 6;0 (Deckfarbenmalerei)

83

mögen, werden vorgelesen oder – noch besser – anschaulich – erzählt [46].

Gliederung einer Zeichen- und Malstunde

Jeder Zeichen- und Malstunde sollte wenigstens die Dreigliederung in Eröffnungsphase (mündlicher Teil), Gestaltungsphase (praktischer Teil) und Abschlussphase (gedanklicher Teil) zugrunde liegen. Die gleiche Reihenfolge sollte auch bei der Arbeit im Elternhaus eingehalten werden.

Zur Eröffnungsphase

Die Kinder sollen innerlich bereit und aufgeschlossen werden für die folgende Aufgabe. Ihr Interesse ist zu wecken und starke Antriebe sind zu schaffen. Es gilt, den Bildinhalt zu erarbeiten, Einsichten in die Aufgabe zu vermitteln und dem Kinde zu klaren Bildvorstellungen zu verhelfen. Das bloße Aufzählen der zu gestaltenden Einzelobjekte genügt aber allein nicht; vielmehr müssen die Formen und Formunterschiede, die Farben und Farbunterschiede, aber auch der Aufbau und die Einzelheiten der Bildgegenstände genannt, beschrieben, veranschaulicht werden. Das Wort der Erzieherin ist dabei von größter Wichtigkeit. Es soll packend schildern und „schaubar" machen. Die Vorstellungen der Kinder werden dadurch bereichert, aktiviert, ihre Kräfte der Fantasie und des Gemüts, ihre Gestaltungsfreude und -fähigkeit geweckt. Stets sollten Bewegungsnachahmungen und Handlungen mit einbezogen oder kleine Szenen gespielt werden. Auch für die Arbeit mit Vorschulkindern kann gelten, was Heinrich Roth so ausgedrückt hat: „Der Schüler wird, was seine innere Einstellung zum Gegenstand betrifft, oft mehr durch das Verhältnis des Lehrers zum Gegenstand als durch den Gegenstand beeinflusst. Seine innere Gesinnung dem Kulturgut gegenüber überträgt sich auf den Schüler."

Die einleitende Phase schließt mit einer konkreten Aufgaben- bzw. Problemstellung für die Kinder.

Anmerkung: Die Einführung sollte nicht länger als zehn Minuten dauern. Auch wäre es falsch, vor Beginn der praktischen Arbeit bereits alles bis ins letzte zu besprechen. Die Kinder wollen bald beginnen, ihre Spontaneität darf nicht zu lange gezügelt werden; sie können sich zudem so vieles auf einmal gar nicht merken; sie würden rasch abschweifen und vielleicht die Lust an der Arbeit verlieren. Viele Hinweise und Anregungen, besonders bezüglich der Gestaltung, erfolgen deshalb erst während der Arbeit und werden am besten individuell gegeben (Einzelberatung, Einzelkorrektur).

Zur Gestaltungsphase

Hier sollen die Bildvorstellungen der Kinder (mit Hilfe der Erzieherin) in ein Bild umgesetzt werden.

In einem kurzen Gespräch werden zunächst Überlegungen zum Vorgehen, zur Bildordnung, zur Untersuchung der Lösungsmöglichkeiten, zur Technik usw. angestellt. Hierher gehören selbstverständlich alle mündlich (als Vorschläge) gegebenen Lösungsversuche der Kinder und die Vermittlungshilfen der Erzieherin.

Die praktische Arbeit beginnt dann mit dem im bildnerischen Sinne als wichtig und im technischen Sinne als notwendig Erkannten. Damit ist zugleich eine bestimmte Abfolge der Arbeitsschritte (Teilziele) gegeben.

Anmerkung: Das Erlernen einer neuen Technik geschieht am besten isoliert in spielerischer, probierender Weise; also nicht gleichzeitig im Zusammenhang mit einer Gestaltungsaufgabe. Eine Häufung von Schwierigkeiten wird dadurch vermieden.

In den ersten folgenden Arbeitsminuten ist den Kindern Zeit zum persönlichen Ausprobieren und Entscheiden zu lassen. Jedes Kind soll seinen Weg zur Lösung der Aufgabe selbst finden können. Dann erst geht die Erzieherin von einem Kind zum anderen, überprüft die ersten Ansätze, lobt, spornt an oder gibt Ratschläge und technische Hilfen. Sie erinnert an die in der Einführung gegebenen Hinweise, lässt vielleicht ein Kind nochmals von vorne beginnen, wenn die Hauptformen zu winzig, die Teilformen einer Figur, z. B. zu groß ausgefallen sind, sodass für die ganze Form der Platz nicht mehr ausreicht usw. Entscheidend für eine fruchtbare Hilfe im bildnerischen Bereich ist aber das rasche Erfassenkönnen der jeweiligen bildnerischen Entfaltungsstufe des einzelnen Kindes und des jeweiligen Zustandes seiner Arbeit. Erst dadurch können dem Kinde echte Lösungen für die Weiterarbeit angeboten werden. (Es sollten mindestens zwei sein, damit sich das Kind für eine entscheiden kann.) Die Aufforderung, Einzelobjekte z. B. durch Binnenzeichnung zu differenzieren, mag wohl für einige Kinder richtig sein, für andere hingegen nicht, da diese gerade erst die Grundgestalt der Dinge zu bilden vermögen. Ebenso wenig Sinn hätte es, von allen Kindern etwa die Profil-Darstellung der Personen zu verlangen, oder zu fordern, den Dingen die richtige Farbe und Proportion zu geben.

Zu solcher Art der Einzelberatung kommt hin und wieder eine Gruppenkorrektur, z. B. bei häufig auftretenden gleichen Fehlern oder eine gemeinsame Zwischenbesprechung zur Klärung bildnerischer und technischer Fragen.

Zur Abschlussphase

Im Anschluss an die Arbeit *kann* eine „Besprechung" der bildnerischen Ergebnisse erfolgen. Sie kann damit beginnen, dass die Kindergärtnerin den an einer Wandleiste aufgehängten Arbeitsergebnissen insgesamt (ohne zu übertreiben) Anerkennung zollt, denn jedes Kind hat sich ja nach seinen Kräften und Fähigkeiten bemüht, ein „schönes" Bild zu malen. Die Erzieherin wird zunächst auch hinnehmen, dass immer wieder einzelne Kinder zeigen wollen, welche Bilder sie gemalt haben, und geduldig zuhören, wenn ein Kind sein Bild „erklären" möchte. Sie wird aber auch eine wohl überlegte Antwort geben auf die Frage eines Kindes, ob sein Bild „schön" sei.

Als Faustregel könnte gelten: Zuerst loben, dann aber nicht verschweigen, was an Nachlässigkeit oder Oberflächlichkeit zu sehen ist.

Schon allein das Ausstellen aller Einzelleistungen im Gruppenraum, verbunden mit einem Nennen der positiven Merkmale in der Arbeit eines jeden Kindes, gibt den Kleinen Bestätigung und fördert den Kontakt und die gegenseitige Anerkennung untereinander.

Fürs Erste wird diese Form der „Besprechung" genügen. Sie regt vielleicht schon zum ersten Vergleichen und zum stillen Nachdenken an. Länger als einige Minuten können sich die Kinder nach der praktischen Arbeit auch gar nicht auf die vielen fertigen Bilder konzentrieren, zudem fehlt ja noch der Abstand zur eigenen Arbeit.

Einen Tag später könnte jedoch die ganze Gruppe sich noch einmal für einige Minuten vor den ausgestellten Arbeiten versammeln, um zunächst die Bilder auf ihren gegenständlichen Inhalt hin kritischer zu betrachten, dann erst im Blick auf „schöne" Farben oder gute grafische (Teil-) Lösungen. Besonders prächtige Arbeiten sollten längere Zeit ausgestellt bleiben.

Zum Malen mit Deckfarben

Schon Kinder im Vorschulalter kommen mit Deckfarben und einem Borstenpinsel zurecht. Durch direktes Malen (ohne Vorzeichnung) und der Möglichkeit, die Farben dicht, satt, dünn und auch deckend (übereinander) auftragen, und jede Farbe mit jeder mischen zu können, kommen sie bald zu einer gewissen Farbqualität (d. h. die Bilder sind nicht mehr ausgesprochen bunt wie sonst üblich in diesem Alter).

Da Farbe im Grunde genommen keinen Umriss braucht, so kann gleich unmittelbar aus dem Farbfleck heraus gemalt werden, d. h. ein satter Farbfleck wird auf den Malgrund gesetzt und von innen her nach allen Seiten hin erweitert, bis er die erwünschte Form (z. B. Kopf mit Hals einer menschlichen Figur) bekommen hat. Alle weiteren Teilformen (z. B. der Mantel der Figur) werden nun in unterschiedlicher Farbe an ihn angefügt. Oder es wird die ganze Figur zunächst in einer Farbe gemalt und zur weiteren farbigen Differenzierung und Charakterisierung diese partiell übermalt. Auf diese Weise entstehen farbdifferenzierte Arbeiten, denn die erhalten gebliebenen (nicht übermalten), meist reinen Farbflächen stehen in lebendigem Kontrast zu den übermalten Farben. Kindern gelingt schon bald das Ausdehnen des Farbflecks

auf die vorgestellte Gestaltgrenze. Diese Art des Malens wird für sie selbstverständlich.

Lasierender Farbauftrag/lasierendes Malen:

Farbe wird hierbei flüssiger verwendet, die Flächen mit einem dicken Haarpinsel (Nr. 10 oder 12) gemalt. Die Farbe ist hierbei hell und klar, z. T. durchscheinend (das rechte Verhältnis Wasser zu Farbe wird durch Übung herausgefunden). Da jüngere Kinder auch beim Malen zunächst noch den Umriss einer Figur benötigen, kann dieser mit einer flüssigen Farbe vorgezeichnet werden; die Umrisslinie darf mit beginnender Malerei dann auch getrost übermalt werden [47].

In Farbschichten malen:

Lasierender und deckender Farbauftrag werden kombiniert angewandt. Die erste Schicht wird dabei lasierend gemalt; nach dem Trocknen werden – als zweite Schicht – nun mit etwas dichterer Farbkonsistenz die weiteren Gegenstandsformen/Farbflächen aufgemalt. In einer dritten (und evtl. weiteren Schicht) wird mit immer satterer Farbe gemalt (was noch an kleineren Formen, Details zu malen nötig ist). Dabei gilt die Malregel: Kontrastierend malen, also dunkle auf helle und helle auf dunkle Farbe. Die Farben bzw. Farbflächen sollten sich deutlich voneinander abheben, sodass sie keiner umrandenden Linien bedürfen. Feinheiten (z. B. Oberflächenstrukturen, Muster) können mit der Pinselspitze aufgemalt werden. Eine Bleistiftskizze, die die Verteilung der Objekte, in groben Zügen auch ihre Größe, Form und Binnengliederung angibt, ist zur Sicherung des Endergebnisses nötig [48].

Beispiele:

Die nachfolgend besprochenen Arbeiten wurden von fünf- bis sechsjährigen Kindern gestaltet, die ich ein volles Jahr lang versuchsweise im Zeichnen und Malen unterrichtet habe (siehe auch die Abb. 87, 88, 89, 91, 92, 93; die Farbtafeln 6, 7, 8, 9, 10, 11, 12, 13, 14). Für die Arbeit im Kindergarten stand mir lediglich ein kleiner Raum mit zwölf Arbeitsplätzen zur Verfügung. Der „Unterricht" fand für die zwölf Kinder der Gruppe fast wöchentlich statt (Ferien ausgenommen). Als sehr günstig hatte sich die Vereinbarung mit der Kindergärtnerin erwiesen, Kinder, die plötzlich die Lust an der Arbeit verloren hatten, einfach zu den anderen Kindern zurückgehen zu lassen. In den ersten Monaten waren die meisten Kinder bereits nach 20 bis 30 Minuten fertig (einige schon nach 10 Minuten). Doch nach dem ersten Halbjahr blieb der Großteil der Kinder bis zu 45 Minuten intensiv bei der Arbeit. Für erwähnenswert halte ich auch die Tatsache, dass die Kinder meiner Gruppe (und zum Teil dann auch die übrigen Kinder) die Woche über ohne Zutun der Kindergärtnerin das von mir gestellte Thema immer wieder neu zeichneten oder malten. Zur Vervollständigung der äußeren Situation sei noch erwähnt, dass es sich durchwegs um Stadtkinder handelte, von denen vier den ganzen Tag über im Kindergarten blieben, die übrigen nur vormittags kamen.

Hier die Namen und das genaue Alter der Kinder:

Miriam, 4;11
Elisabeth, 5;0
Claudia, 5;1
Manfred, 5;1
Kathrin, 5;3

Abb. 93

87

Uta, 5;4
Eva, 5;5
Esther, 5;8
Andreas, 5;10
Robert, 5;11
Petra, 6;1
Nadja, 6;3

Acht Kinder der Gruppe haben mittlerweile ihr erstes Schuljahr begonnen; die vier jüngsten wurden nicht eingeschult, sie besuchen ein weiteres Jahr den Kindergarten.

1. Beispiel, Farbtafeln 10 und 11

Vorüberlegungen gehen von dem endgültig gewählten Thema aus: Was ist typisch für den Bildinhalt im Blick auf Form, Farbe, Ordnung im gegebenen Format?
Eignet sich das Thema zum Zeichnen, Malen, Modellieren o. Ä.?
Welches sind die bildnerischen Probleme und welches Problem stelle ich in den Mittelpunkt der Arbeit?
Welche Hilfsmittel werden benötigt? Wie biete ich das Thema den Kindern an (Motivdarbietung)?
In welchen Arbeitsschritten führe ich die Aufgabe durch?
Ist Einzel-, Partner- oder Gruppenarbeit nötig?
Welche Aktionsformen des Lehrens und Lernens fordert die Aufgabe?

Thematischer Rahmen:

Dauerregen

Bildnerisches Motiv:

Kleine und große Kinder gehen mit Schirmen im Regen.

Motivation:

Durch tagelangen Dauerregen gegeben.

Problemstellung (mögliche bildnerische Probleme):

Differenzieren der menschlichen Figur (Junge, Mädchen, große – kleine Kinder, Binnenzeichnung durch Mustern der Kleidungsstücke, Details wie Gummistiefel, Kopfbedeckung). Bewegungsdifferenzierung durch Richtungsunterscheidung (der Arm hält den Schirm, die Füße stehen seitwärts, der Kopf wendet sich evtl. ins Profil). Formfindung für das Objekt „Schirm". Erfinden einer Regen-Struktur.
Farbe zur Unterscheidung und Kennzeichnung der Dinge verwenden, Ordnungsprinzip Reihung verwirklichen, Fläche strukturieren (Regen), Kontrast setzen: helle Zonen (unterhalb der Schirme) zu dunkleren (Regen) bzw. leer zu gestrichelt.

Bildnerische Mittel:

Figur als Umrisszeichnung, farbige Flächen (ausgemalte Formen), Strichel und Punkte.

Lernziel:

Erfahrungsinhalt (Regenwetter) bildmäßig umsetzen können – Eine Vielzahl von Formen und Farben zur bildnerischen Einheit ordnen können. Differenzieren der Gegenstandsformen.

Verfahren, Material:

Wachsmalkreiden-Zeichnung (eine andere bildnerische Technik war den Kindern zu diesem Zeitpunkt nicht geläufig); hellgrünes Papier (DIN A 3), Wachsmalkreiden.

Stundenverlauf

Phase 1:
Organisatorisches, Materialausgabe.

Phase 2:
Motivieren und Geben des Themas „Im Regen gehen", Erlebnisaustausch – Erfahrungsberichte, Sachklärung: Regenklei-

dung – Regenschutz. Das Gespräch mit den Kindern führt zur Eingrenzung – Reduzierung – des Themas, zur Konzentration auf den Bildinhalt.

Phase 3:

Wir malen, wie große und kleine Kinder mit Schirmen im Regen gehen.

Gemeinsame Überlegungen zum Vorgehen. Lösungsversuche der Kinder (mündlich).

Vermittlungshilfe: Zuerst die Kinder (gereiht, neben- oder hintereinander), dann den Regen darstellen.

Einzelarbeit: Die vom Kinde für möglich gehaltene Lösung wird verwirklicht.

Einzelberatung: Während der Arbeit unter Beachtung entwicklungsbedingter Lösungen wie z. B. Reihung auf unterer Blattkante, Mischprofile, geringe Bewegungsdarstellung.

Phase 4:

Gemeinsame Zwischenbesprechung zu den Problemen Flächenstrukturierung (Regen) und Kontrastbildung.

Phase 5:

Arbeit abschließen; alle Bilder ausstellen; Bildlösungen gemeinsam betrachten, vergleichen.

Phase 6:

Material etc. aufräumen.

2. Beispiel, Abb. 94

Thematischer Rahmen:

Kleidermode

Bildnerisches Motiv:

Mutti hat sich „stadtfein" gemacht.

Motivation:

„Kleider machen Leute"

Problemstellung:

Reine Linienzeichnung (Umriss, Binnengliederung), Bewegungsdifferenzierung, Binnenzeichnung (Musterung von Rock, Bluse …), helle und dunklere Flächen (Kleidungsstücke).

Entwicklungsmomente:

Nichtbeachtung der richtigen Proportionen und Funktion der Gliedmaßen.

Bildnerische Mittel:

Linie und Punkt, Strichel, Fleck.

Lernziel:

Eine große Figur rein linear gestalten können. Die Figur durch helle und dunklere Flächenbildung gliedern können. Erkennen (und verbalisieren) können, dass eine Bildgestaltung allein durch Linien möglich ist, dass helle und dunkle Flächen durch unterschiedlich dicht liegende Linien, Striche und Punkte entstehen.

Verfahren, Material:

Lineare Filzstift-Zeichnung; Filzstifte grün, schwarz und braun zur Wahl, Zeichenpapier weiß (DIN A 4).

3. Beispiel, Farbtafeln 8 und 9

Thematischer Rahmen:

Herbstzeit

Bildnerisches Motiv:

Die Vögel fliegen in warme Länder.

Motivation:

Beobachtung der sich versammelnden und in Scharen davonfliegenden Vögel. Kleine Szenen spielen.

Abb. 94

90

Problemstellung:

Differenzieren der Einzelformen Vogel und Baum, Wiese, Feld, Berg.
Gruppieren vieler gleichartiger Formen (Vogelschwarm).
Ordnungsprinzip Reihung verwirklichen (Bäume, Berge, Felder).
Eindeutiges Oben und Unten im Bilde.

Entwicklungsmomente:

Reihung der Gegenstandsformen auf unterer Blattkante, Größenmissverhältnisse, Nichtbeachtung der Gegenstandsfarbe.

Bildnerische Mittel:

Linie als Umrisszeichnung, farbige Flächen (ausgemalte Formen).

Verfahren, Material:

Wachsmalkreiden-Zeichnung (eine andere Technik war den Kindern zu dieser Zeit nicht bekannt), Zeichenpapier (Makulatur, DIN A 3), Wachsmalkreiden.

4. Beispiel, Farbtafel 13

Bildnerisches Motiv:

Kind unter der Dusche.

Motivation:

Badezeit – Abbrausen vor und nach dem Schwimmen. Bewegungsnachahmung – Stellungen der Figur.

Problemstellung:

Differenzieren im Farbbereich Gelb-Orange-Rot (Hautfarbe).
Malen aus dem Farbfleck (s. S. 86).
Zeichenform für Badehose, Badeanzug, Bikini finden.
Zeichenform für das Objekt „Dusche" finden.
Fläche strukturieren (Wassertropfen).

Kontrast: große Farbfläche (Figur), fein strukturierter Grund (Wasser).

Entwicklungsmomente:

Der klaren Aussage wegen vermeiden Kinder meistens die Überdeckung der Figur mit Wassertropfen.

Bildnerische Mittel:

Farbfleck, Farbfläche, Strichel, Tupfer.

Lernziel:

Aus dem Farbfleck eine Figur malen können. Ermischen- und Benennenkönnen von Gelb-Orange-Rot-Werten.

Verfahren, Material:

Deckfarbenmalerei aus dem Farbfleck, deckend malen mit Breit- und Rundpinsel, Deckfarben, naturweißes Zeichenpapier (DIN A3 halbiert).

Material, Werkzeug, bildnerische Verfahren

Papier:

Zum Malen saugfähiges Papier mit rauher Oberfläche, naturweiß oder leicht getönt. Packpapier, Tapetenreste, Makulatur, Einwickelpapier, große Skizzenblöcke, Blattformat etwa 40 × 60 cm.
Zum Zeichnen weißes oder hell getöntes Papier. Blattformat im Allgemeinen kleiner als zum Malen üblich.
Für Papierklebearbeiten ungummiertes Buntpapier, Packpapier, Tapeten, Illustrierte, farbige Seidenpapiere, alte Brief- und Heftumschläge.

Stifte, Farben:

Dicke Bleistifte mit weicher Mine, ebensolche Buntstifte.

Filzschreiber oder Tuschestifte, sehr gut geeignet zum großzügigen, raschen Arbeiten und zum „Mustern".

Kugelschreiber (schwarz) auf kleinem Blattformat sehr gut geeignet.

Wachsmalkreiden, sehr gut geeignet für großzügiges lineares und flächiges Arbeiten auf großem Format.

Fingerfarben zur Lösung von Verkrampfungen sehr gut geeignet, weniger für differenzierte Gestaltung.

Deckfarben, für jüngere Kinder angerührt in Gläsern sehr zu empfehlen; ab fünf Jahren Deckfarbenkasten mit den Farben Rot, Gelb, Grün, Blau, Braun, Schwarz. Am besten den Schulmalkasten mit 12 Farben und einer Tube Deckweiß verwenden.

Pinsel:

Borstenpinsel (Breitpinsel) $^1/_2$ bis $1^1/_2$ cm breit mit langem Holzstiel. Haarpinsel (Rundhaarpinsel) Nr. 12, 10 und 8.

Sonstiges:

Wasserbehälter, Mallappen, Unterlagen (alte Zeitungen, Pappen), kleine Papierscheren (mit abgerundeten Schneideenden), Glutofix, Kleisterpinsel, Kleisterschüsselchen. Alte Herren-Oberhemden (auf dem Rücken geknöpft) als Schutzkleidung.

Zum Zeichnen (Sachaspekte)

Zeichnen heißt, ein „Bild" vorwiegend mit Linien gestalten. Die Linie ist somit das eigentliche bildnerische Mittel des Zeichners. Weitere Mittel sind Punkte, massierte kleinere Striche, Häkchen, Bögen u. Ä.

Durch Häufung von Punkten, Übereinanderlegen von Strichen (Schraffur) können graue bis schwarze Flächen geschaffen werden. Der Zeichner verzichtet in der Regel auf Farbe; er beschränkt sich auf das Hell-Dunkel mit all seinen Zwischennuancen. Wird mit farbigen Stiften gearbeitet, so nähert sich die Zeichnung der Malerei (die Grenzen sind fließend).

Beim Zeichnen werden Linien und Flächen in ein gegebenes Zeichenblattformat eingeordnet, d. h. es entsteht eine „Komposition", wobei die Beziehungen der Linien und Flächen, die Aufteilung, Kontrastbildung, Gliederung im Blattformat eine bildlogische, überzeugende Ordnung ergeben sollen. Die Umrisslinie umreißt den Gegenstand und schließt ihn als Fläche ein. Um mehr über einen Gegenstand auszusagen, wird die Umrisszeichnung durch die Binnenzeichnung bereichert (z. B. durch Taschen, Knöpfe, Gürtel, Muster an der Kleidung einer menschlichen Figur, und durch Oberflächenstrukturen wie z. B. die Rinde am Baumstamm, das Fell eines Tieres, das Gewebe von Textilmaterial etc.).

Alles, was sich mit der Linie am besten „fassen" lässt, was Anlass zu einem „Liniengerüst" gibt, zu Musterung und Oberflächenstrukturierung anregt, kann bildnerisches Motiv sein. Die meistens nur in groben Umrissen gezeichneten Personen und Dinge (wie sie Kinder anfangs zustande bringen), gilt es zunächst klar (großzügig) auszuformen, zu gliedern, zu differenzieren und in ihrer Größe auf das gegebene Blattformat zu beziehen (auf die Bildfläche auszurichten) und beispielsweise einen Gegenstand beherrschend hervortreten zu lassen, an den sich andere anschließen (bei jüngeren Kindern ist es oft nur ein einfaches Nebeneinander der Bildgegenstände). Danach können zwei oder drei Dinge zueinander in Beziehung gesetzt oder auch schon (Figuren-) Gruppen gestaltet werden – wobei dann auch die dazwischenliegenden Bildgrundflächen eine Rolle spielen, d. h. mitgestaltet werden müssen.

Bildordnungsgefüge können Reihung, Streuung, Ballung, Zentrierung sein [49].

Weitere Beispiele aus der Praxis

Abb. 95: „Radfahrer" (Blei- und Farbstiftzeichnung), Junge, 8 Jahre (2. Klasse)

Abb. 96: Sog. Röntgenbild (Kugelschreiberzeichnung), Junge, 8 Jahre (2. Klasse)

93

Abb. 97: „Pferderennen" (Farbstiftzeichnung), Junge, 13 Jahre (Förderschule)

Abb. 98: „Menschen tragen Lasten" (Federzeichnung), Junge, 13 Jahre (Förderschule)

Abb. 99: „Im Schwimmbad"
(Federzeichnung), Junge,
13 Jahre (Förderschule)

Abb. 100: „Fasching" (Linolschnitt), Junge,
13 Jahre (Förderschule)

Abb. 101: „Indianerfamilie auf Wanderschaft"
(Wasserfarbenmalerei), Junge, 14 Jahre (Förderschule)

Farbige Abbildungen

1 „Hänsel und Gretel mit Vater und Mutter, und Wolken", Claudia, 3;10, Deckfarben
„Brautpaar mit Brautjungfern", Sabine, 5;4, Wachskreiden
2 „Reiter", Andreas, 6;0, Wachskreiden
„Der König geht in seinem Wald spazieren", Kathrin, 5;7, Filzstifte
3 „Reiter", Hermann, 5;6, Wachskreiden
„Abendmahl", Hermann, 6;4, Wachskreiden
4 „An der Verkehrsampel", Claudia, 5;10, Farbstifte
„Der Lastwagenfahrer", Hermann, 5;10, Wachskreiden
5 „Schnellzug mit Schlafwagen", Sabine, 5;4, Wachskreiden
„Im Garten", Sabine, 5;3, Farbstifte
6 und 7 „Blumengarten", 5- bis 6-jährige Jungen und Mädchen, Deckfarben

8 und 9 „Die Vögel fliegen in warme Länder", 5- bis 6-jährige Jungen und Mädchen, Wachskreiden
10 und 11 „Kleine und große Kinder gehen mit Schirmen im Regen", 5- bis 6-jährige Jungen und Mädchen, Wachskreiden
12 „Bunte Kreise", 5- bis 6-jährige, Deckfarben
13 „Unter der Dusche", „Auf der Badedecke", „Kind mit Luftballons", 6-jährige Jungen und Mädchen, Deckfarben
14 „Im Garten spielen", 6-jährige Mädchen, Deckfarben
15 „Vogelnest", Knabe und Mädchen, 6 Jahre, Wachskreiden
16 „Spaziergang mit Vater und Mutter", Kathrin, 5;10, Deckfarben
„Elefant", Stephan, 6;9, Wachskreiden

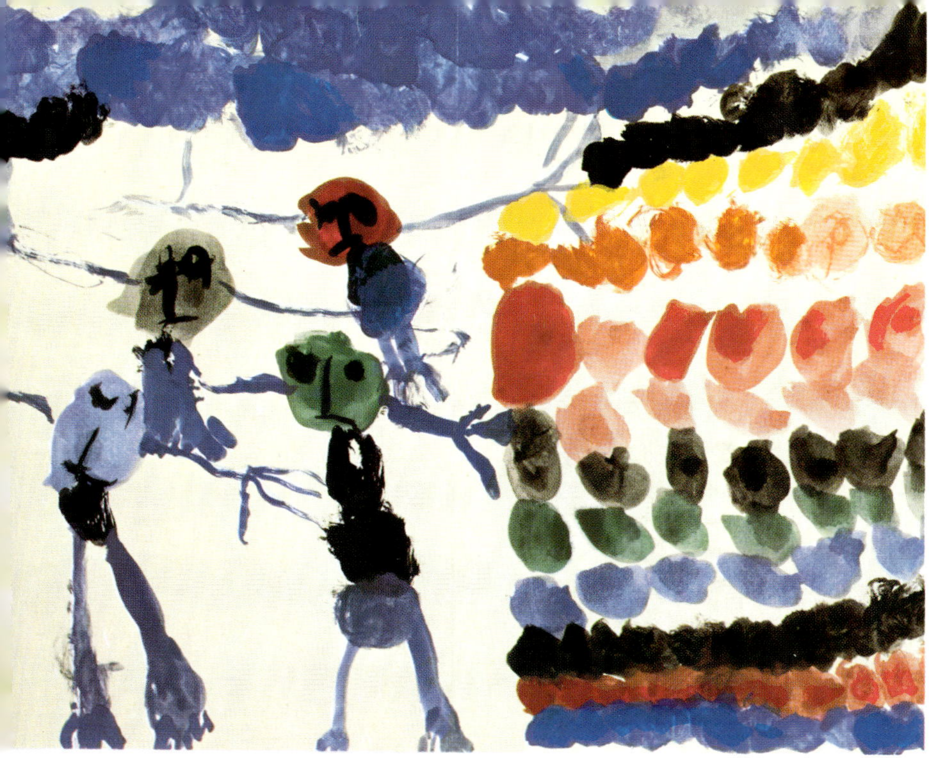

1

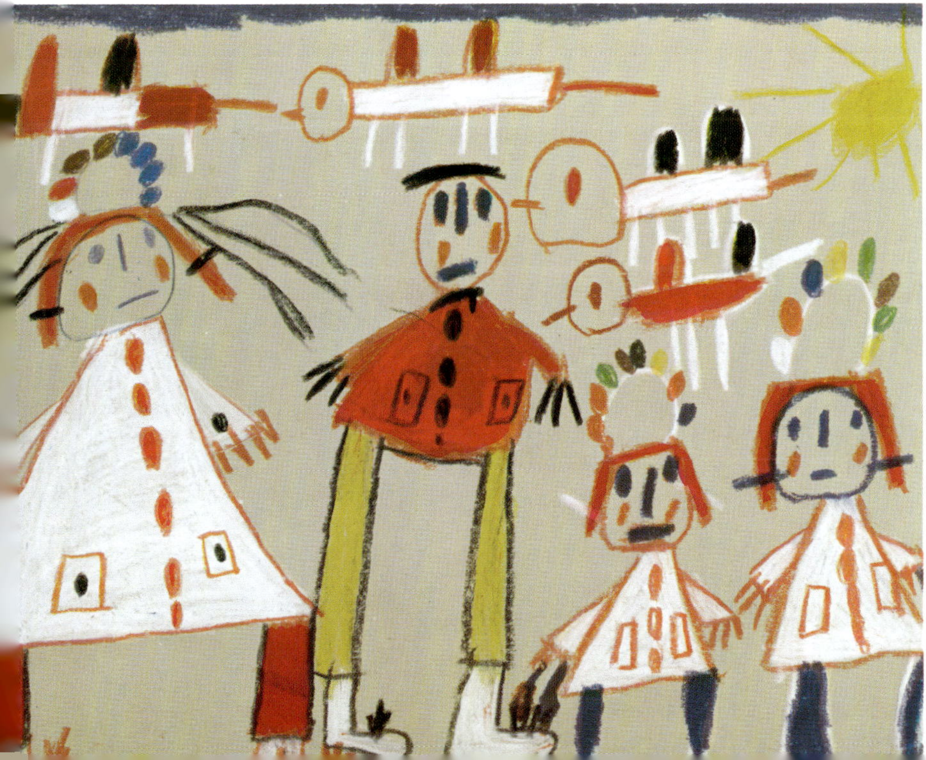

2

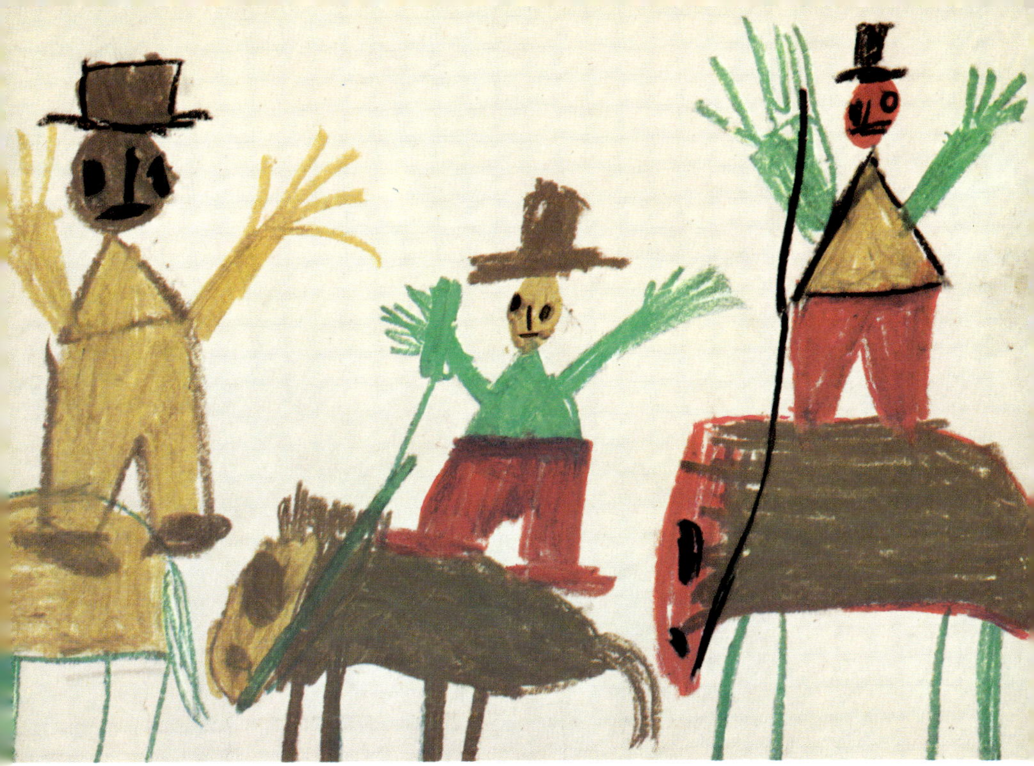

3

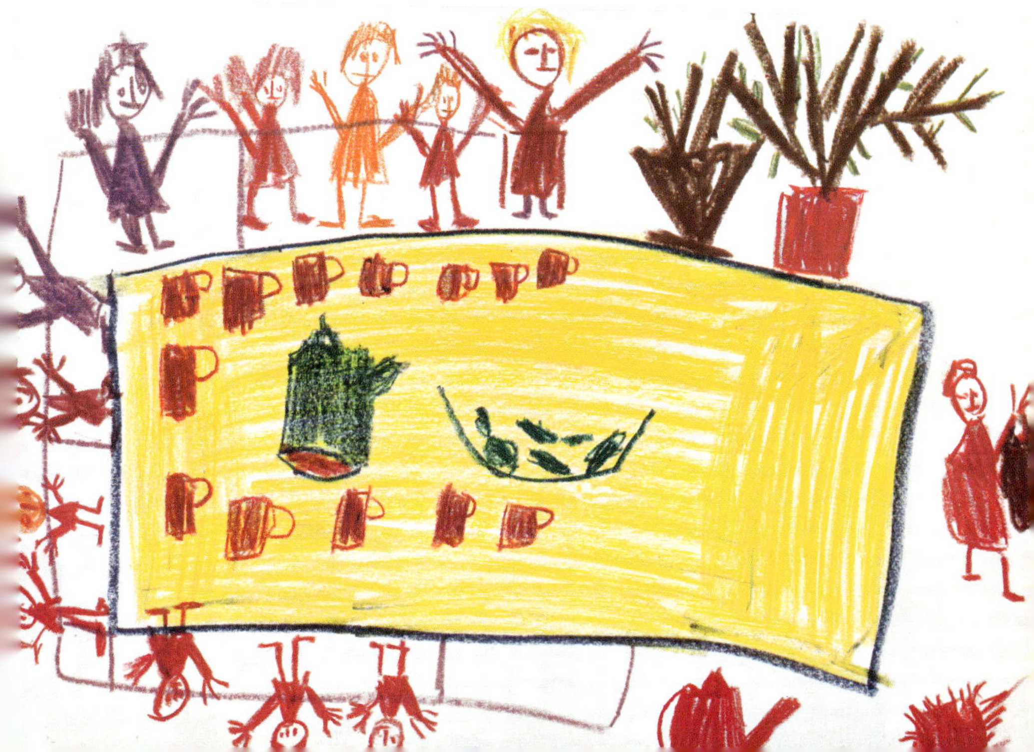

Claudia 4 Jahre 6

4

5,3

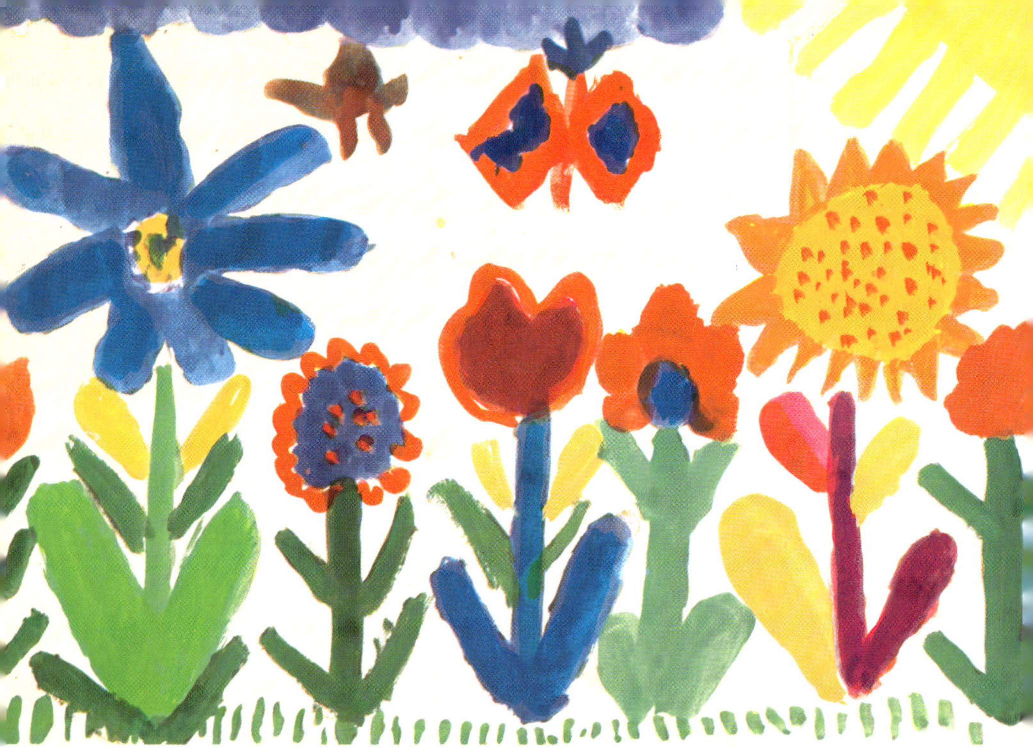

6

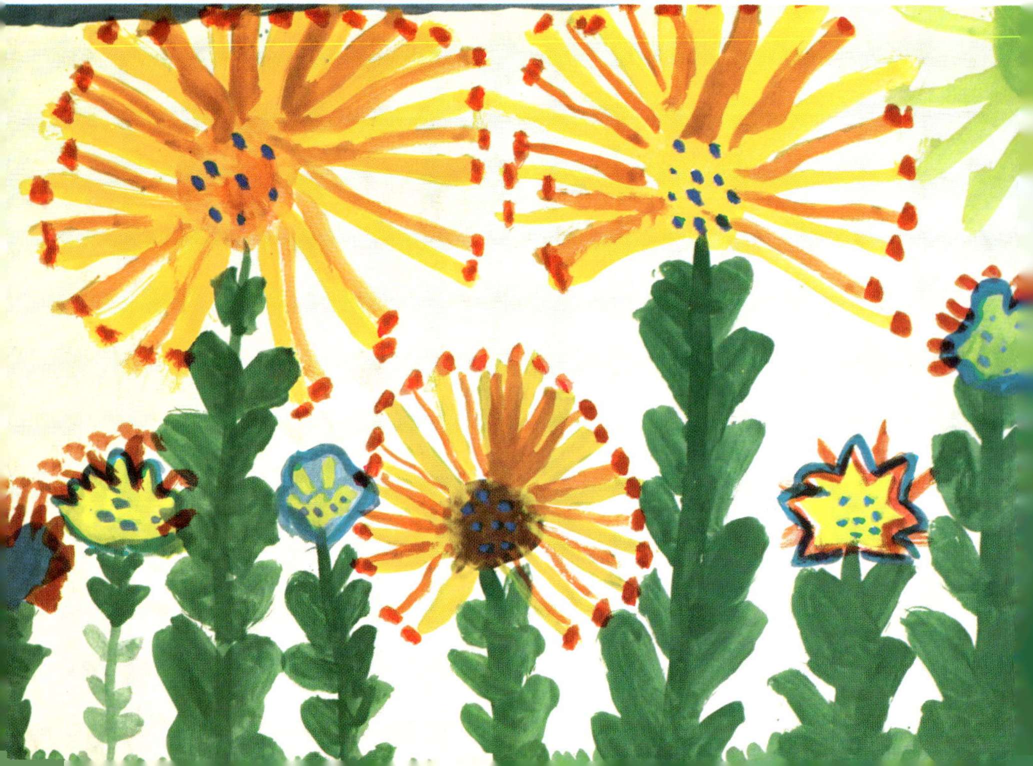

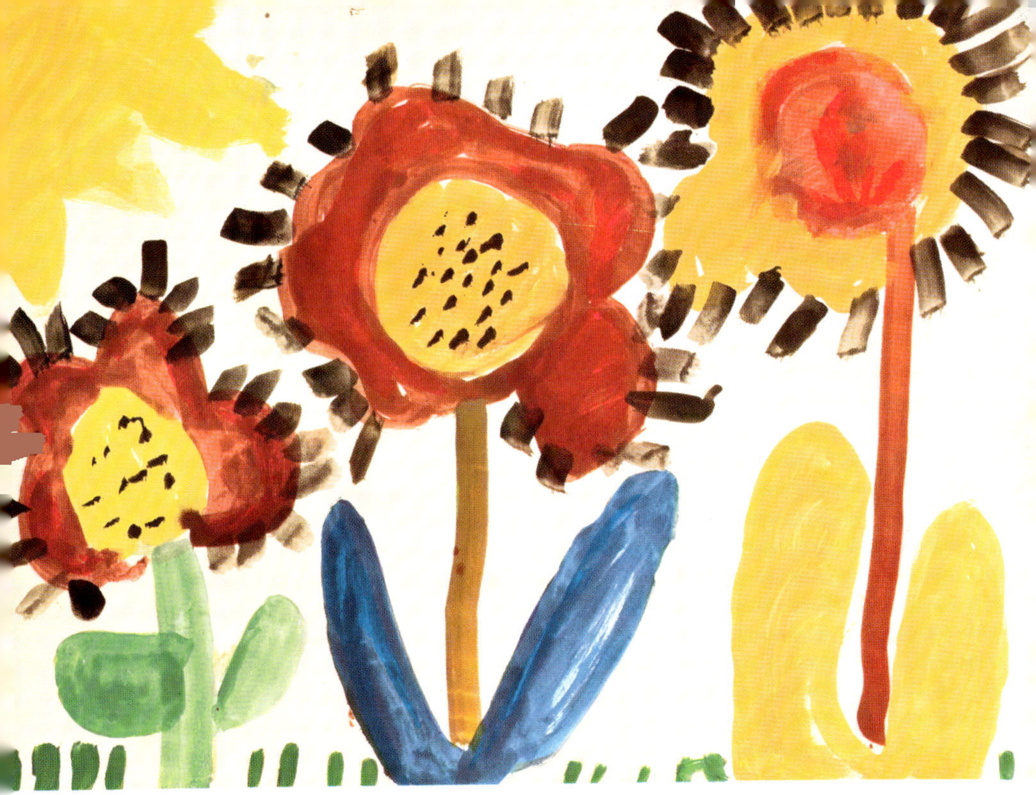

7

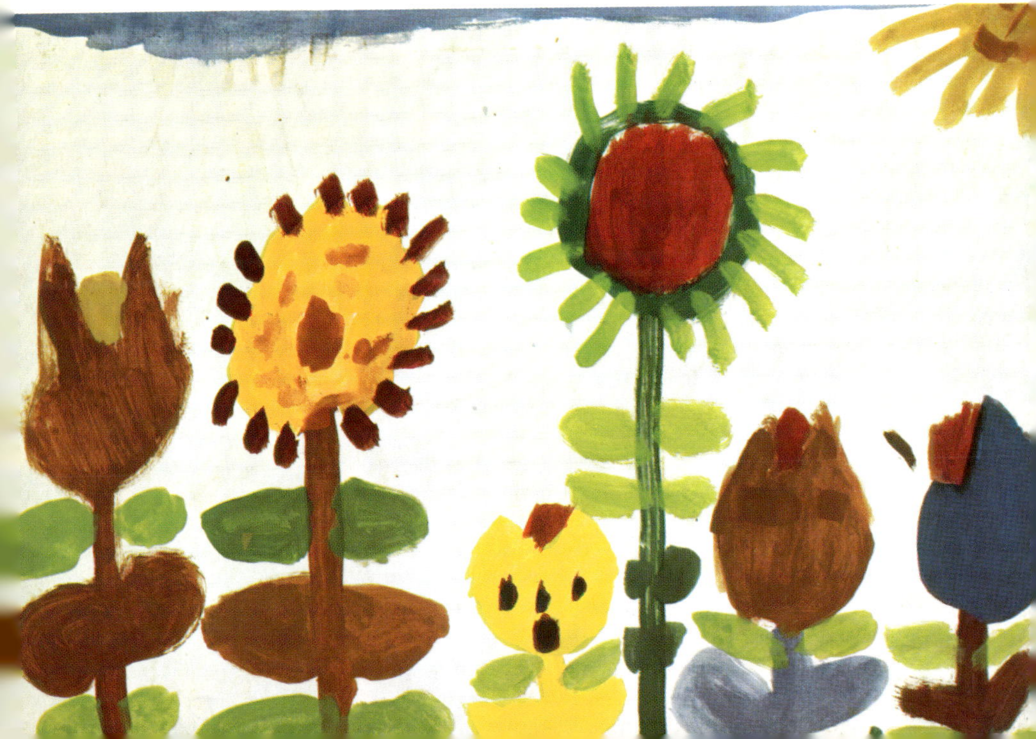

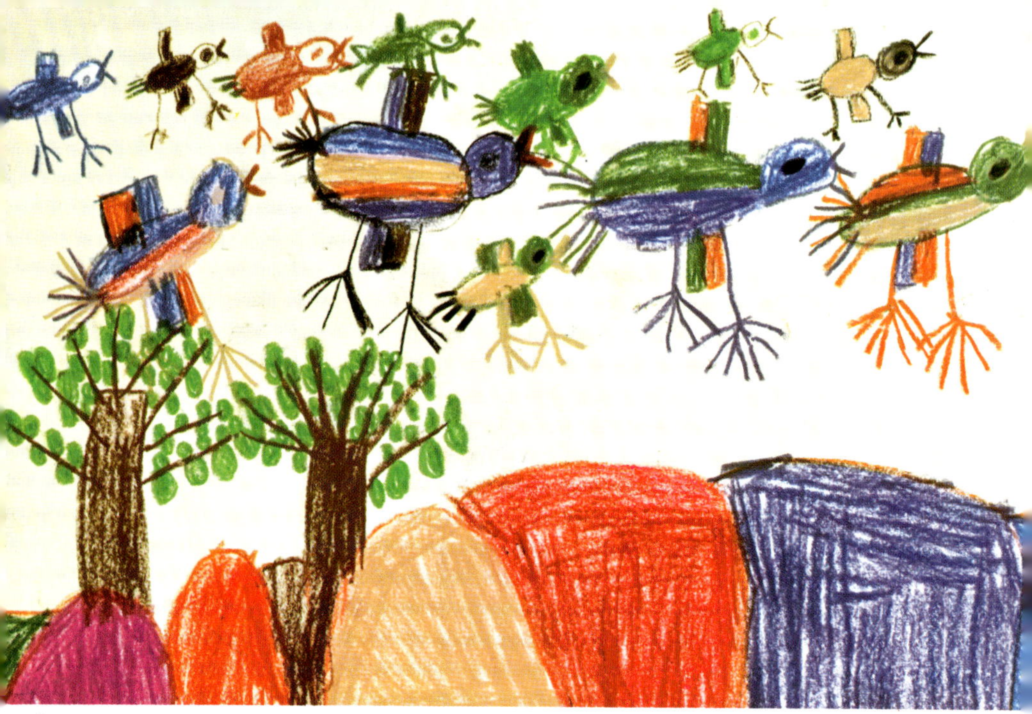

8

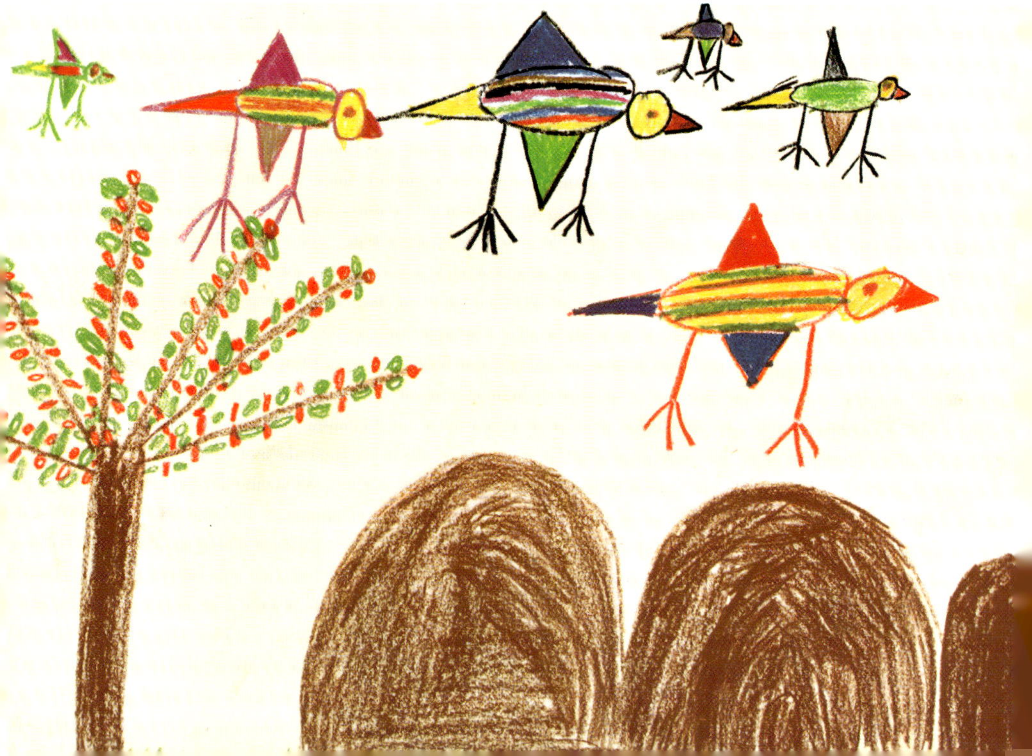

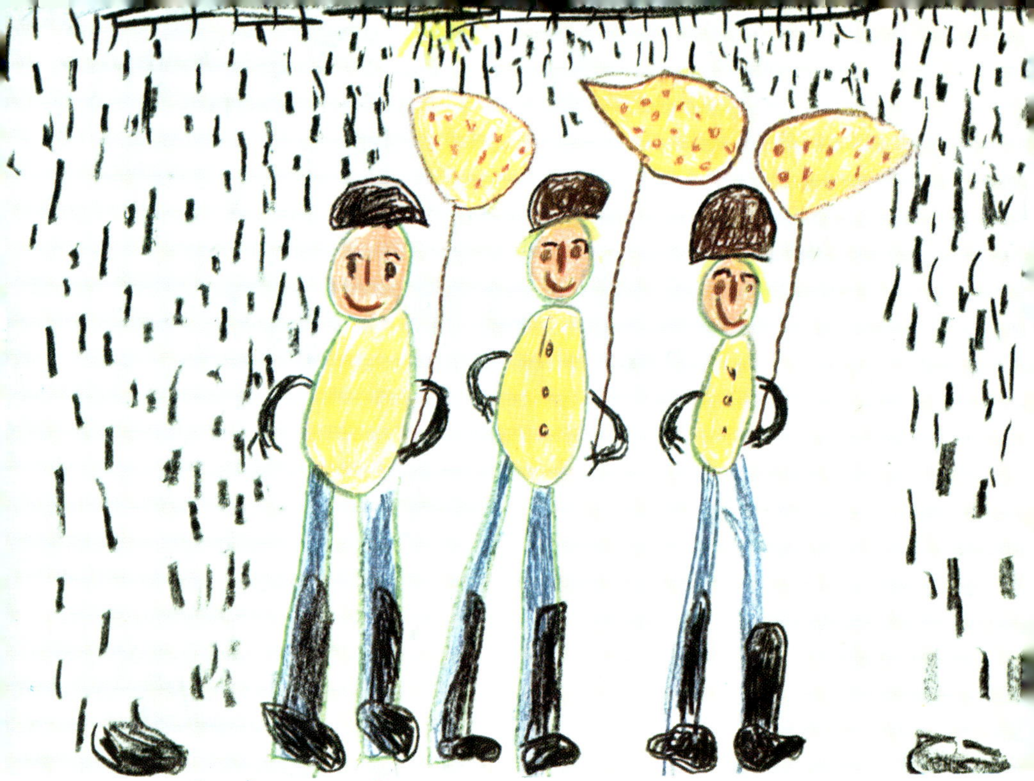

10

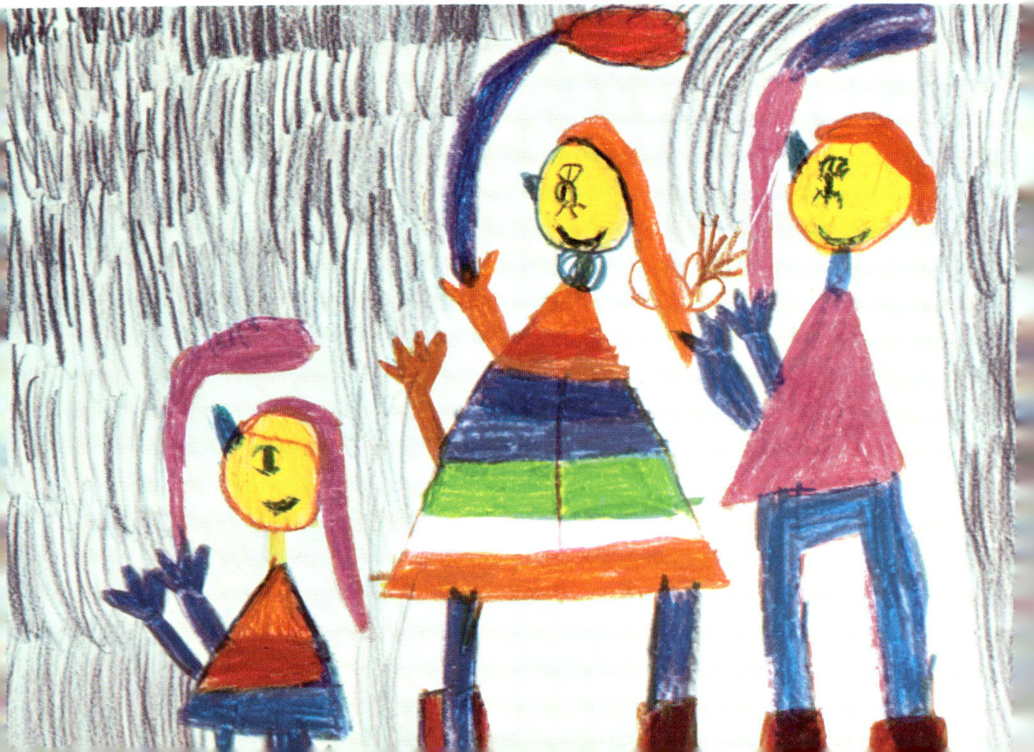

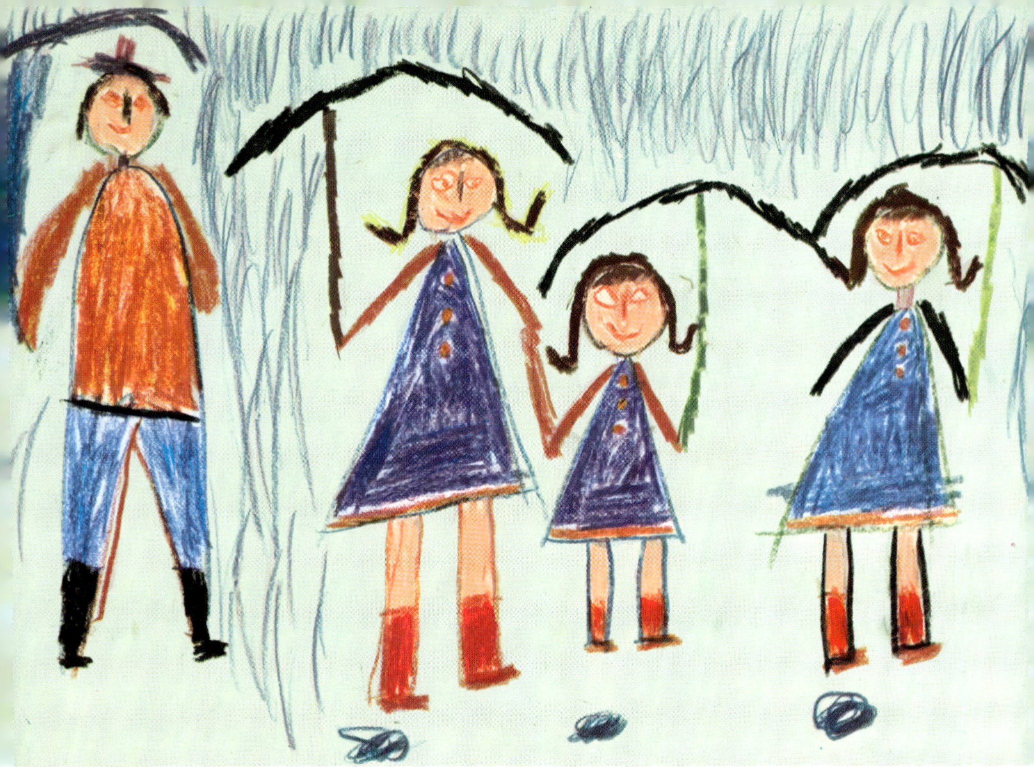

11

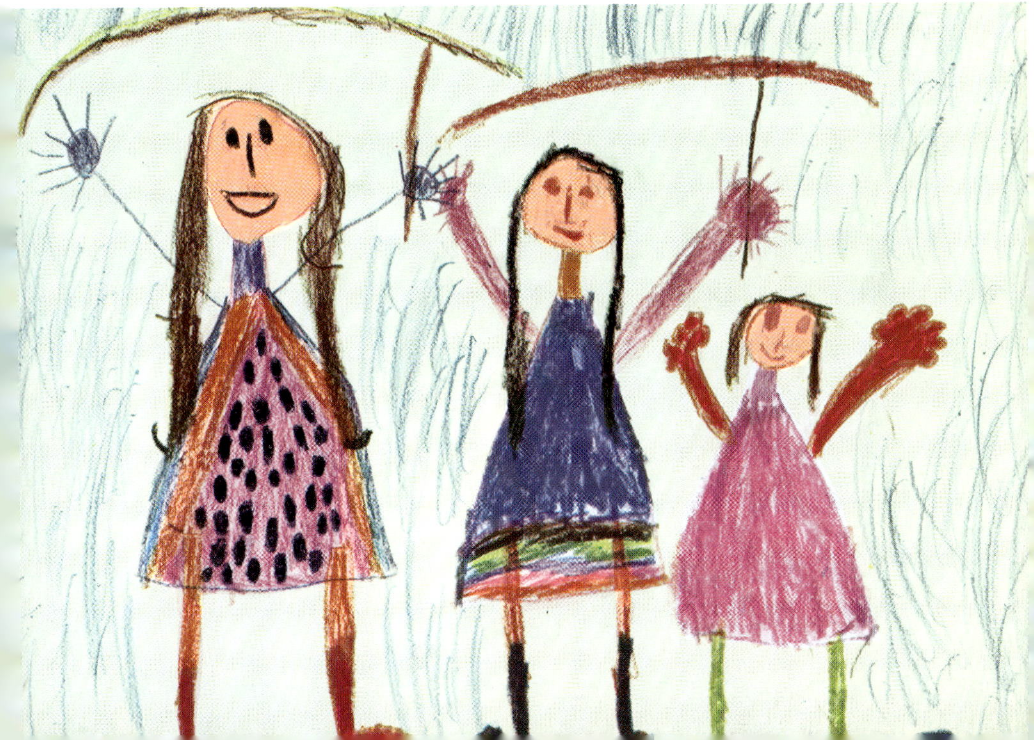

12

14

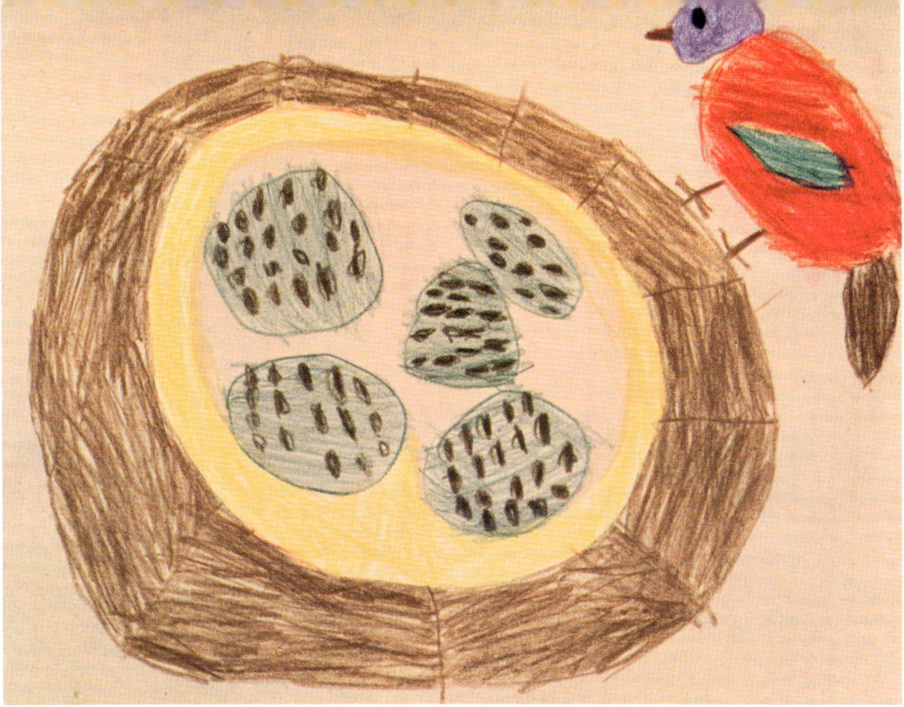

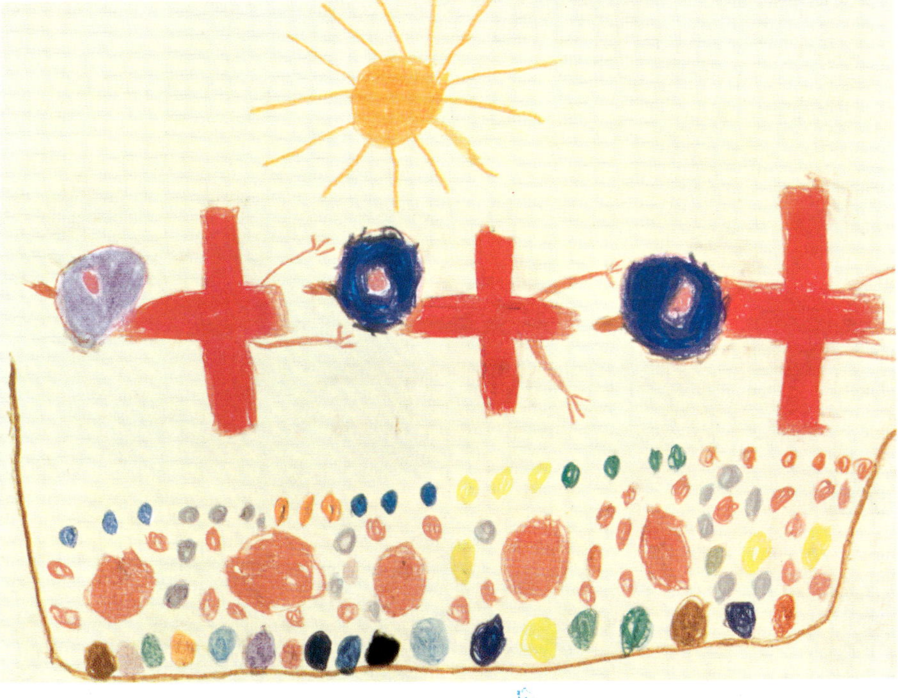

16

Anhang

Ganzheitssymbolik in Kinderzeichnungen

Von der Lehre C. G. Jungs ausgehend, hat Jolanda Jakobi eine neue Einschätzung der Bildsprache (Kinderzeichnung) gegeben. Sie sieht die ersten einfachen Formelemente (Elementarformen) als archetypisch an, insbesondere das als „Ordnungsprinzip" kultur- und zeitenübergreifende „Mandala", den Kreis mit – meist durch Vierteilung – betontem Zentrum. Dieses Mandala ist offensichtlich auch eine *Schlüsselfigur* für den Übergang zum gegenständlichen Zeichnen. „Der Ethnologe W. E. Mühlmann bezeichnet die Annäherung an die Kreisform und die emotionale Bedeutung der Mitte als charakteristische Strukturzüge aller „naiven" Weltbilder. In der Gestaltung des Kreises fallen für das Kind Innenwelt (sein Ich) und Außenwelt zusammen, es ist – mythologisch gesprochen – im Paradies, in der Geborgenheit des Urgrundes. Es weiß noch nichts von Gut und Böse, von Mann und Frau, von Leben und Tod. Der Horizont seines Seins ist noch in sich geschlossen. So betrachtet ist der Kreis „die symbolische Selbstdarstellung" des Kindes. In der spontanen Gestaltung des Kreises wird ein von Anbeginn im Kinde vorhandenes transpersonales Faktum, der Entwicklungsstufe entsprechend, wieder entäußert" (zitiert nach M. Lurker, a. a. O., S. 382).

Der Tiefenpsychologe C. G. Jung bezeichnet die Gestaltungsprinzipien der „Rotation" (Kreis und Kugel) und die „Zentrierung und radiäre Anordnung" als archetypisch.

Jüngere Kinder – und ängstliche – umkreisen hin und wieder eine ihrer Zeichnungen (z. B. menschliche Figur, kleiner Kreis, Kritzelfleck) mit einer Linie. Dieses Ganze erinnert dann stark an den magischen Kreis bzw. das Mandala, von dem C. G. Jung spricht und dessen archetypische Bedeutung er erklärt hat.

Weiteres dazu von Christa Meves (Die Ganzheitssymbolik in Kritzeleien und Zeichnungen von Kleinkindern. In: Das Kind im Vorschul- und Grundschulalter. Herderbücherei. Freiburg 1973): „Der seelische Entfaltungsprozess des Kindes von einer diffusen Ganzheit zu einem ‚Gefügeganzen' (Zietz) verläuft in der frühen Kindheit als Prozess der inneren Aufgliederung bei gleichzeitigem Zusammenschluss zu höheren Einheiten, von der einfachen Form zu komplizierten und differenzierten seelischen Strukturen. Er findet in den außerordentlich gleichartigen Zeichnungen der Kleinkinder einen geradezu verblüffend eindeutigen Niederschlag" (S. 131). „Für den psychischen Entfaltungsprozess aufschlussreich erscheint vor allem die Tatsache, dass das Kind seinen Status der *undifferenzierten Ganzheit* in Gestalt des leeren Kreises ebenso unmissverständlich darzustellen in der Lage ist, wie die *vier Teilaspekte* der Seele (*C. G. Jung* bezeichnet sie als vier Funktionen) etwa im Alter von vier Jahren als eine Vorstufe zum extratensiven Differenzierungsprozess kollektiv sichtbar werden – in Gestalt des *Mandalas*, jenes Symbols also, das in vielen östlichen Religionen als Meditationssymbol verwendet wird und von *C. G. Jung* als Symbol *differenzierter seelischer Ganzheit* interpretiert wurde ... Ebenso eindrucksvoll und aufschlussreich erscheint es, dass auf der Stufe der Kopffüßler, in der die Vierheit der psychischen Struktur in der zentralen Gestaltung des „Kopfes" meist noch verinnerlicht zu sein scheint, sich eine Phase anzuschließen pflegt, in der die Hände als Kreise dargestellt sind, sodass sich abermals eine nach außen verlagerte Vierheit in Gestalt von Kopf, Rumpf und Händen ergibt (Abb. I). Erst nach diesem Stadium beginnt das Kind seine Selbstdarstellungen der Realität anzupassen. Bemerkenswerterweise treten die Requisiten der *Ganzheit* innerhalb der Zeichnungen noch lange in augenfällig hervortretenden *Kreisen* in Erscheinung: als Kreise neben der Figur, als Blume, als Kleid, als Knöpfe am Bauch, als Blumen mit konzentrischer Anordnung, vor allem aber – als Sonne. Auch die Früh-

formen der Bäume tragen interessanterweise häufig Ganzheitssymbole, und zwar gemäß dem noch undifferenzierten Ich als Kreise *innerhalb* des Stammes (Abb. II). Dennoch verliert sich das Symbol der Ganzheit keineswegs vollständig; in der Darstellung von Burg, Berg und Höhle kommt die Sehnsucht nach der Ureinheit, dem „Uroboros" (E. Neumann), dem verlorenen Paradies, dem Eingehüllt- und Geborgensein immer wieder zum Ausdruck, auch nachdem das Kind am Beginn des Schulalters aus diesem Primärzustand herausgetreten ist" (Meves, S. 134 f.). Siehe dazu die Abb. III bis VI.

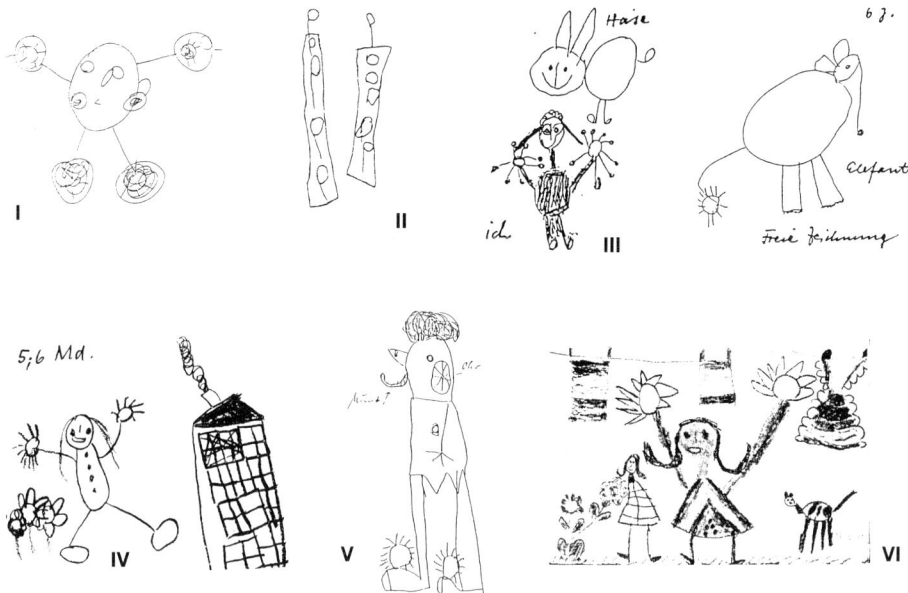

Abb. I: Menschenzeichnung (Aus: Chr. Meves, a. a. O.)
Abb. II: Bäume (Aus: Chr. Meves, a. a. O.)
Abb. III: Selbstdarstellung, Hase, Elefant. Mädchen, 6 Jahre alt (bedingt schulfähig)
Abb. IV: Selbstdarstellung, Haus. Mädchen, 5;6
Abb. V: Mann. Junge, 7;4 (Overprotection – Kind)
Abb. VI: „Ich helfe der Mutter beim Wäscheaufhängen." Mädchen, 5;11 (sehr begabt – schwierige, das Mädchen stark belastende Familienverhältnisse – nach der Pubertät „Aussteigerin")

Zur Körper- und Raumdarstellung

Bei der Darstellung eines körperhaften Objektes kommt es in der Regel zu einer Verflechtung von „Aufriss- und Grundrisszeichnung" oder auch zu aufriss-, grundriss- und querschnittartigen Kombinationen (s. Ausführungen S. 36 ff.), d. h. die einzelnen Teile (Binnenteile) eines Objektes werden jeweils in ihrer charakteristischen, unverändert konstanten Form (Farbe, Größe), von ihrer „ergiebigsten" Seite her, wiedergegeben – Teil um Teil erfasst und zu einem Ganzen (aus vergleichsweise selbständigen Teilen/Einheiten) addiert – ohne Berücksichtigung der tatsächlichen räumlichen Lage der Teile und ihrer Funktion innerhalb des Objektes. So kommt es zu einem Gestaltengemisch bei ein und demselben Gegenstand.

Kinder zeichnen von sich aus nicht im Sinne eines naturgetreuen Abbildens und sind frei von der Bindung an perspektivische Regeln, ja, sie kennen gar nicht die Möglichkeit, einen Gegenstand, eine Szene von einem bestimmten Blickpunkt/Betrachterstandpunkt aus, darzustellen. Sie zeichnen aus der Vorstellung (imaginative Formvorstellung, anschauliches Denken, visuelles Wissen); auch das Wissen um einen Sachverhalt kann eine Rolle spielen – die Kinder können daher auch dem Auge Verdecktes ins „Bild" bringen. (Es wäre also pädagogisch falsch, vom Kinde zu verlangen, die Dinge so darzustellen wie sie erscheinen, wenn sie von einem bestimmten Blickpunkt aus wahrgenommen werden.)

Anmerkung: Auf früher Gestaltungsstufe werden Teile der Objekte zunächst für sich – isoliert – gezeichnet oder nur einander nahegebracht. Fortschreitend lernen die Kinder die Objektteile aufeinander zu beziehen, zum Objekt direkt in Beziehung zu setzen, Einzelobjekte aufeinander zu beziehen und schließlich eine Szene auf der Zeichenfläche anzuordnen.

Nach dem Prinzip, die Gegenstände (wann immer möglich) von ihrer „besten Seite" ins Bild zu bringen, wählt das Kind beispielsweise für einen Flugzeugrumpf die Seitensicht, für die Tragfläche die Draufsicht; für den Laderaum eines Fahrzeuges die Sicht von oben (vor allem dann, wenn er auch beladen werden soll), die Räder von der Seite (in voller Ausdehnung) und das Zugtier von der Seite. Wird evtl. ein zweites Zugtier hinzugenommen, dann steht dieses „über" dem ersten (gemeint ist räumlich dahinter).

Schrägansichten von Personen, Tieren, Fahrzeugen werden im Allgemeinen nur von älteren Schülern gezeichnet; kommen sie bei Schülern der ersten Klasse vor, dann handelt es sich in der Regel um nicht eigenständige Arbeiten.

„Im Aufriss zeichnet das Kind vor allem Gegenstände, mit deren vertikalen Flächen es in topologische Berührung kommt: Haus, Fenster, Tür, Schrank, Schultafel. Im Grundriss werden dagegen jene Wahrnehmungsgegenstände dargestellt, deren horizontale Flächen von Bedeutung für das Berührungserlebnis sind: die Tische, die Sessel, die Straßen" (L. Schenk-Danzinger, S. 197 f.). „Bei den 12-Jährigen z. B. finden wir bei der Darstellung des Tisches in 47 % den Aufriss, in 15 % den Grundriss und in 37,5 % die umgekehrte Perspektive" (W. Neuhaus, S. 84).

(Aufriss: Die zeichnerische Darstellung der Vorderansicht eines Gegenstandes. Grundriss: entspricht der Ansicht von oben; im Bauwesen Darstellung der Grundfläche eines Gebäudes.)

Ein Sonderfall der kindlichen Körper-/Raumdarstellung ist das sog. Röntgenbild. Das Kind will alles Vorhandene an einer Sache (das im praktischen Tun, im Alltag Erfahrene und das als bedeutsam Erlebte) sichtbar werden lassen; kurz: sein Wissen um einen Sachverhalt ins Bild bringen. So zeichnet es völlig frei vom Seheindruck Vorgestelltes und Gewusstes.

Gegen Ende der Grundschulzeit klingt diese Darstellweise ab, und eine an der Sache orientierte Darstellung setzt sich mehr und mehr durch. Die Nicht-Durchsichtigkeit fester Körper wird beachtet.

Nach Meinung des Erwachsenen werden die vom Kinde gestalteten Objekte von verschiedenen Seiten – in verschiedenen Ansichten, von verschiedenen Standpunkten aus – gleichzeitig dargestellt. Er erwartet eine „richtige" Wiedergabe (eines Gegenstandes, einer Szene), d. h. die Koordination der Teilansichten, eine Vereinheitlichung der Ansichten unter der Vorherrschaft des visuellen Wahrnehmens von einem Betrachterstandpunkt aus, unter einem einzigen Blickwinkel gegenüber allen Teilen und Objekten (Perspektive, Visueller Realismus).

Anmerkung: Die gleichzeitige Darstellung verschiedener Ansichten eines Objektes war Gestaltungsprinzip des analytischen Kubismus. Man wollte den Gegenstand vollständig erfassen (ihn eher so darstellen, wie man ihn kennt als man ihn sieht) und somit über die bloße erscheinungstreue Darstellung der Objekte hinauskommen (Preisgabe der Perspektive).

Fahrzeuge:

Bei Fahrzeugen wird neben technischen Details oftmals auch der Kofferraum als Röntgenbild gezeichnet und Scheinwerfer werden häufig übereinander angeordnet, Räder nebeneinander gereiht oder zwei vorne und zwei hinten angeordnet, obwohl man sie in seitlicher Sicht so nicht sehen kann. Schließlich werden auch nur zwei Räder an Autos gezeichnet und älteren Schülern wird das partielle Verdecktsein der beiden dahinter stehenden Räder (räumlich gesehen) bald zum zeichnerischen Problem; sie machen Versuche, „perspektivisch richtig" zu zeichnen (Sportwägen, Motorräder ...)

Fahrzeuginsassen sind oft im Verhältnis zum Fahrzeug sehr klein dargestellt; auch sie können – wie die Räder – zunächst einfach nebeneinander gezeichnet werden, wodurch z. B. ein VW – je nach Anzahl der Insassen mehrere Sitze/Sitzbänke haben kann. Während die Fahrzeuge in der Regel in seitlicher Sicht gezeichnet werden, zeigen die Insassen ihr Gesicht von vorne oder der Kopf wird im Mischprofil oder im Vollprofil wiedergegeben.

In allen Fällen wird klar: Das Kind/der Schüler ist noch nicht in der Lage, das Gesamt seiner Vorstellungen (auch seines Wissens, seiner Beobachtungen) zu koordinieren und zu einem einheitlichen Formganzen zu verarbeiten und in der bildnerischen Arbeit zu realisieren. Vergl. z. B. die Tischdarstellungen Abb. 41, S. 33, Hausdarstellungen Abb. 60 und die nachfolgenden Abbildungen (S. 117 f.).

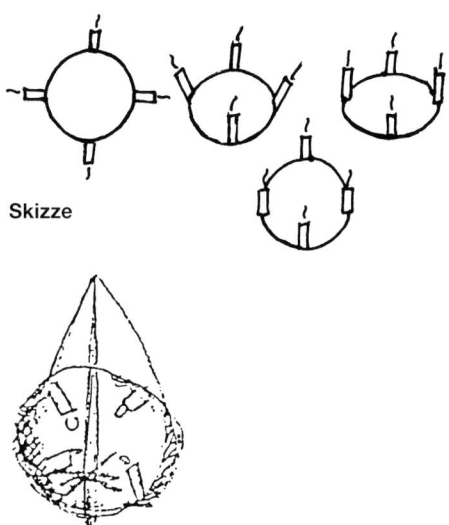

Skizze

Figur 4: „Tisch mit Weihnachtsgeschenken", 13-Jähriger (vergl. die Tischdarstellungen S. 33). Aus: H. Herrmann, Der Raum in der Zeichnung. In: Die Gestalt 11/1949

Figur 1: „Adventskranz" (2. Klasse), Kerzen nach innen umgeklappt, andere Kinder klappen nach außen um, ältere stellen die Kerzen schräg auf den Kranz bezogen auf und erreichen schließlich die einheitliche senkrechte Aufrichtung (vergl. Skizze).

Figur 5: „Mann am Klavier", Mädchen, 5;8. Die Tasten des Klaviers sind „hoch geklappt", von der Zimmerdecke hängt ein Leuchter herab, rechts ein Stuhl, auf dem Klavier ein Objekt, daneben ein Blumenstrauß in der Vase. Auch Innenräume werden von jüngeren Kindern als Standlinienbild ausgeführt.

Figur 2: Tisch mit „hoch geklapptem" Backblech (auf dem ausgestochene Teigformen liegen), Junge, 7;0

Figur 3: „Vogelhaus", 13-jähriger Hauptschüler (sog. umgekehrte Perspektive)

Figur 6: „Nikolaus" (Zeichnung auf einem Geschenkanhänger), Mädchen, 4. Klasse. Der untenherum weit abstehende Mantel sollte auch im Bilde sichtbar werden.

117

Figur 1: „Mann auf Pferd", Junge, 5;6 (das Pferd mit anthropomorphem Gesichtsmuster)

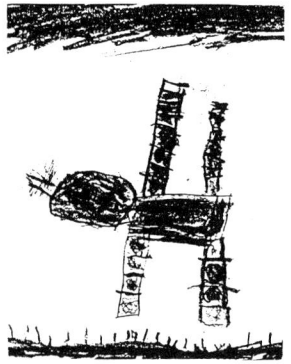

Figur 2: „Katze", Mädchen, 5 Jahre alt. Das Kind zeichnete die Katze zuerst mit zwei Beinen. Später fiel ihm auf, dass die Katze ja vier Beine haben müsste, und so zeichnete das Kind die zwei anderen Beine nach oben dran.

Figur 3: „Pferd", Junge, 5;6 (Pferdekopf als „Mischprofil" gezeichnet)

Figur 4: „Pferd" (aus: G. Britsch, a. a. O.)

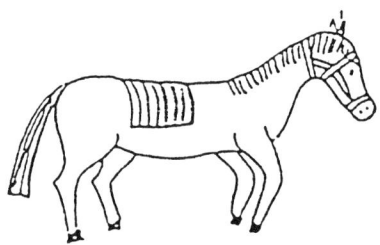

Figur 5: „Pferd", Junge, 8. Klasse

Figur 6: „Elefant", Junge, 16 Jahre (aus. O. Sacks, Eine Anthropologin auf dem Mars, Hamburg 1997, Kapitel Wunderkinder)

Wie die Figuren 1–6 zeigen, kann das „Räumlich-dahinter-sein" von Beinen erst spät verwirklicht werden; abgesehen davon, kann auch nicht gleich anfangs „Vierbeinigkeit", „Paarigkeit" erfasst werden, ebenso das Sichbewegen (verbildlicht durch das Schrägstellen der Beine und im weiteren Verlauf der Entwicklung durch das Abbiegen in den Gelenken).

Die Wiedergabe von Objekten in ihrer körperlichen Beschaffenheit, in ihren räumlichen Lagebeziehungen, in ihrer Ortsbestimmung ist älteren Schülern wohl möglich. Im Allgemeinen ist damit auch das Problem inbegriffen, Raumtiefe in der Fläche bildnerisch zu verwirklichen. (Neue Raumvorstellungen entwickeln sich und bereichern die bildhaften Darstellungen.) Ihr Bedürfnis nach Körper- und Raumdarstellung kann am besten mit der schrägbildlichen Darstellung, d. h. der einfachen Parallelperspektive (als Freihandzeichnung) befriedigt werden.

Zeichnungen von dreidimensionalen Objekten, wie sie nach dem 10. Lebensjahr ausgeführt werden können: Figuren 1–2. Für alle praktischen Aufgaben reicht die sog. schrägbildliche Darstellweise mit parallellaufenden Tiefenlinien voll aus (Figur 3).

„Für die Paralleldarstellungen gilt Folgendes: Alle in der Natur senkrecht verlaufenden Linien bleiben auch in der Zeichnung senkrecht. Alle in der Natur gleichlaufenden Linien laufen auch in der Zeichnung gleich. Ist die Konstruktion der Schrägdarstellung Besitz geworden, kann zur freien Handhabung (ohne Lineal) übergeleitet werden. Viele Kinder haben eine klare Grundrissvorstellung von Örtlichkeiten, die auf Heimat- oder Ferienerlebnisse zurückgehen. Wir lassen solche Grundrisse frei aus der Vorstellung – um 30–60 Grad verkantet – wiedergeben. An den Ecken werden die Senkrechten errichtet und die Gebäude wachsen. Die optische Mitte für die Dachfirste wird gesucht, und die Gebäude sind in ihrer Körperlichkeit wiedergegeben. Bäume, Mauern, Gärten schließen sich an; die räumliche Ordnung ist vollzogen" (K. Schwerdtfeger, S. 132).

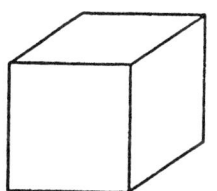

Figur 1: Aufriss-Schrägbild

„Haus", Junge, 10 Jahre; Hauszeichnung in etwa stimmig

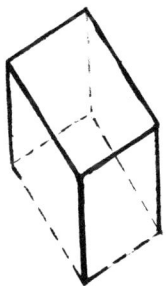

Figur 3: Grundriss-Schrägbild

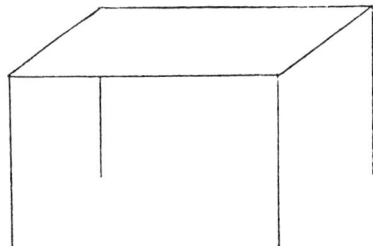

Figur 2: Aufriss-Schrägbild

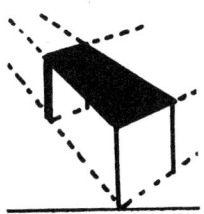

Zum Vergleich: Perspektivisch konstruierte Zeichnung

Dieses raum- und körperdarstellende Zeichnen (fernab der optischen Erscheinung und zentralperspektivischer Darstellung) fesselt die Jugendlichen so stark, dass sie ihre Hemmungen beim Zeichnen und Malen verlieren und (wieder) zu echten qualitätvollen Leistungen kommen; s. Abb. 3. Mit diesem körperhaft-räumlichen Zeichnen ist der Anschluss an Lehrlingsalter und Berufsschule gegeben.

Raumdarstellung:

So wie von Einzelmotiven idealtypische Differenzierungsreihen (s. S. 39 ff.) aufgestellt werden können, um den Formwandel des einzelnen Motivs (die Eigengesetzlichkeit der Entwicklung, die gestaltpsychologische Gesetzmäßigkeit) zu demonstrieren, so kann auch die Entwicklung der kindlichen Raumdarstellung aufgezeigt werden (s. dazu auch die Ausführungen auf S. 31 ff.).

Im Großen und Groben verläuft die Entwicklung vom Streubild zum Standlinienbild (als einer ersten räumlichen Zuordnung aller Bildfiguren im Sinne eines wirklichen Neben- und Übereinanders) über verschiedene Formen des Flächenbildes (und vielerlei Mischformen, z. B. aus Standlinien- und Flächenbild) zum einfachen Raumbild, d. h. zu ersten Ansätzen tiefenräumlicher Darstellung.

Gemeint ist aber nicht eine mathematisch-konstruierte und objektiv optisch erscheinungstreue Raumdarstellung. Die Kunst ist ja selbst einen anderen Weg gegangen. „In der Malerei fast aller außereuropäischen Kulturen fehlt nämlich der Versuch, die Illusionen des ‚natürlichen‘, gesehenen Raumes durch eine zentral- oder fluchtpunktperspektivische Konstruktion zu erzielen. Die körperillusionistische und fluchtpunktperspektivische Raumdarstellung in der Zeichnung und Malerei ist ein Sonderfall der Kunst des Abendlandes, dessen Sinn längst überlebt ist" (K. Staguhn, S. 101).

Abb. 1

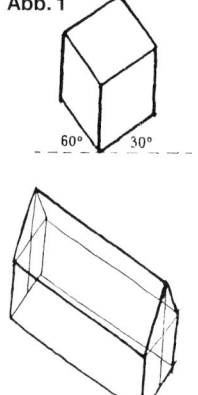

Abb. 2

(1 und 2 aus:
K. Schwerdtfeger)

Abb. 3: Schrägbildliche Darstellung (Federzeichnung) Junge, 14 Jahre (Hauptschule)

120

Anmerkung: Perspektive. „In der Malerei ... ist die P. Mittel, den Eindruck vom 3-dimensionalen Raum und Körper zu erwecken. Auf Wiedergabe der Erscheinungen zielende Stile, wie die Renaissance, haben sich stärker um sie bemüht als sinnbildende Kunst ... Ihre Gesetzmäßigkeit, bei Giotto und den van Eycks vorbereitet, wurde im Quattrocento erkannt (Brunelleschi) und theoretisch festgelegt (L. B. Alberti, in Dtl. Dürer). – Rein aus dem Malerischen entwickelte sich anschließend die Farben-P., die den Tiefenraum mit den bei wachsender Entfernung sich verändernden Farben abbildet, auch die Luft-P., die Farben nach der Tiefe zu ins Blaue oder Blaugrüne abstuft" (Herder-Lexikon. Freiburg 1951).

Abb. 4 : „Häuser und Bäume auf einem Berg" (Grundschule)

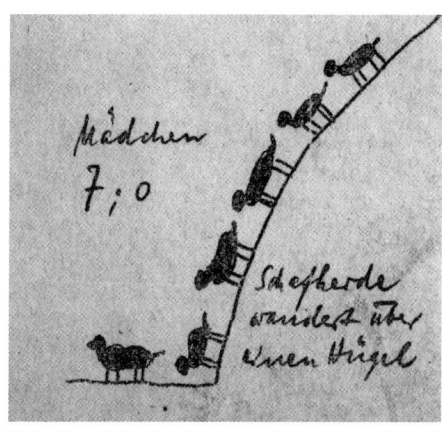

Mit dem Standlinienbild ist eine feste Organisationsform des Bildraumes erreicht. Spätestens mit fünf Jahren setzt sich diese Bildlösung räumlicher Gegebenheiten durch und stabilisiert sich für lange Zeit. Nach einer Untersuchung von J. Wall (1959), zitiert bei M. Cox (1992, S. 130), zeichnen 96 % aller Achtjährigen eine Grundlinie (Durchschnittsalter 8;7), hingegen hat nur 1 % der Dreijährigen diese Lösung realisiert. Auch Untersuchungen von W. Mosimann (1972) belegen, dass das Standlinienbild der am häufigsten auftretende Bildtyp ist (bis zum 8./9. Lebensjahr); und der auch später nicht ganz verschwindet. (Zum Standlinienbild siehe S. 33 f. und Abb. 36, 37, 44, 45 und die Farbtafeln 4 und 5)
Die Standlinie kann auch schräg und gebogen verlaufen (Hügel, Abhang, Berg). Hin und wieder werden auch zwei oder drei Standlinien übereinander gezeichnet, wenn Erzählintention und Darstellungsabsichten dies nahe legen.

Abb. 5 : „Schafherde wandert einen Hügel abwärts", Mädchen, 7;0

Abb. 6 : „Vögel auf der Wiese"; Junge, 7;0 Jahre

Das Standlinienbild als bevorzugtes Mittel, ein Bild aufzubauen, verliert gegen Ende des zweiten Schuljahres an Bedeutung. Flächenbilder mit sog. Umklappungen kommen nun vermehrt vor. Alle Gegenstandsformen werden dabei in die Fläche gebreitet. Straßenbänder verlaufen waagerecht, senkrecht, schräg oder gebogen über die Zeichenfläche. Straßen sind als gleichmäßig breite Bänder verwirklicht. Objekte, menschliche Figuren, die an den Straßenrändern, Platzumrandungen etc. stehen, erscheinen wie in die Fläche geklappt (umgeklappt), d. h. sie werden der kindlichen Vorstellung entsprechend auf ihre jeweilige Standlinie rechtwinkelig bezogen (senkrecht auf sie aufgerichtet, sie stehen nicht „im Raum" – nur ein Teil-Bezug wird begriffen). Das Kind geht sozusagen beim Zeichenvorgang den Straßenzügen entlang und stellt Häuser, Bäume, menschliche Figuren u. a. auf. Himmel und Sonne finden auf diesen Flächenbildern keinen Platz. Da keine Richtung dominiert, kann man die Bilder meistens auch auf den Kopf stellen (nach allen Seiten drehen). Zunächst handelt es sich also um rechtwinklige Umklappungen und jedes Objekt ist auf seine Standlinie bezogen, nicht aber zu den übrigen Gegenstandsformen. Ein Gesamtzusammenhang aller Objekte (z. B. bei der Verbildlichung einer Straßenkreuzung, Stadt, eines Gartens, Parks u. Ä.) im Sinne einer einheitlichen senkrechten Aufrichtung aller Objekte (parallel zu den seitlichen Blatträndern), der Bildung eines „Raumes", ist noch nicht erreicht; über schräg aufgerichtete Gegenstandsformen führt der Weg dann dahin.

Es kommen bei ein und demselben Kind Standlinien- und Flächenbilder gleichzeitig vor – auch Mischformen aus beiden. Die Wahl dieser oder jener Art der Raumdarstellung ist von den Interessen des Kindes und (meist) vom jeweiligen bildnerischen Motiv abhängig. Z. B. legt das Motiv „Familienspaziergang" eher das Standlinienbild nahe, das Thema/Motiv „Rathausplatz mit Gebäuden ringsum" wiederum eher das Flächenbild.

Im Laufe der Entwicklung entstehen Flächenbilder, bei denen Figuren und was sonst noch verbildlicht werden soll, über die ganze Zeichenblattfläche ausgebreitet werden, d. h. nebeneinander und übereinander, doch noch ohne Verkleinerung der

Abb. 7: „Unsere Straße", Junge, 1. Klasse (sog. Umklappung)

Abb. 8: „Abendmahl", Junge, 3. Klasse (Aufrichtungstendenz bei den Figuren links und rechts am Tisch)

Objekte, die „weiter hinten" stehen. Selten gibt es Überschneidungen/Verdeckungen. Das Kind scheut dies, weil ihm jeder Gegenstand wichtig ist, und die Vorliebe für „vollständige" Dinge – für den Erhalt der ganzen Formgestalt – lange Zeit wirksam bleibt.

Gleichzeitig können auch Bilder entstehen, bei denen die Standlinie – nun in einem größeren Abstand zum unteren Blattrand verlaufend – eine neue Funktion erhält: Sie wird zur oberen Begrenzungslinie für eine unter ihr liegende Bodenzone (Wiese, Straße etc.). Die Hauptgegenstandsformen werden jedoch noch häufig auf der oberen Begrenzungslinie aufgerichtet. Am oberen

Abb. 9: Oben: Junge, 6 Jahre; Unten: Mädchen, 4. Klasse

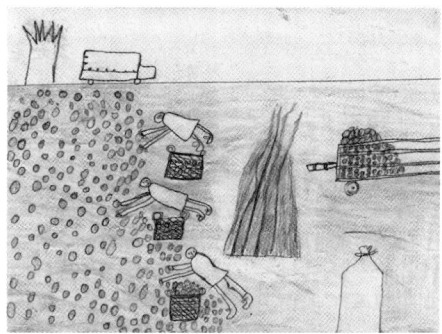

Abb. 11: „Kartoffelernte", Junge, 1. Klasse

Abb. 10: Junge, 4. Klasse

Abb. 12: „Spaziergang", Mädchen, 2. Klasse

Abb. 13: „Spaziergang", Mädchen, 3. Klasse

Abb. 14: „Hirte mit Schafen", Junge, 11 Jahre

Bildrand wird in der Regel mittels Strichen oder einem Wolkenband „Himmel" verbildlicht.

Erste Ansätze tiefenräumlicher Darstellung – einfaches Raumbild: Der Schüler hat erkannt, dass alles Landschaftliche aus einem größeren Abstand aufzufassen ist, er weiß aus unmittelbarer Beobachtung, dass ferner stehende Figuren und Dinge optisch kleiner erscheinen, und beachtet dies beim Gestalten. Durch die Größenabnahme der hinteren Objekte gegenüber den vorderen deuten sich Vorder- und Hintergrund an. Vordere Objekte stehen im Bild unten, vordere Objekte verdecken teilweise hin-

ten stehende; in die Tiefe laufende Straßen verjüngen sich; der Horizont im einfachen (naiven) Raumbild liegt hoch, damit das „Übereinander" der Objekte in der Fläche als ein Hintereinander im Raum wirken kann. Die Illusion eines Tiefenraumes auf der Bildfläche entsteht.

Neuere Ergebnisse der Hirnforschung

Es darf als erwiesen gelten, dass beim Menschen die beiden Gehirnhälften funktionell verschieden arbeiten bzw. die Hemisphären je zu unterschiedlichen Arten des Denkens tendieren (zumindest Teile der jeweiligen Hirnhälfte). D. h. grob vereinfacht und kurz gesagt, dass (bei Rechtshändern) die linke Hemisphäre auf analytische, logisch-rationale Verarbeitungsprozesse und sprachliche Leistungen spezialisiert ist, die rechte hingegen vorwiegend auf ganzheitliches, synthetisches, bildhaftes Denken, auf Raumverarbeitung (Ordnung und Bewegung im Raum), Verarbeitung komplexer und mehrdeutiger Situationen, bzw. diese zuständig ist für Intuition, Imagination und Kreativität.

„Hopi-Indianer und Schwarze z. B. stützen sich beim Denken stärker auf die rechte als auf die linke Hirnhälfte, als es Weiße tun … Beide Hirnhälften lassen sich aber auf gleichen Stand bringen, wenn sie ausreichend gefördert werden. Mangelt es an einer erzieherischen schulischen Ausbildung, so bleibt die linke (rationale) Hemisphäre im Rückstand" (Brunner-Traut, a. a. O., S. 161 f.).

Für gewöhnlich arbeiten beide Hemisphären zusammen (zum Lösen komplexer Probleme, mehrdeutiger Situationen notwendigerweise), aber jede kann auch für sich allein aktiv sein und jede kann die andere (mit Einschränkung gesagt) vertreten.

Abb. 15: Landschaftsbild von M. Raffler (geb. 1902). R. ist ein „naiver Maler" (Sonntagsmaler) (Abb. aus: Bildnerische Erziehung 5/65)

Abb. 16: „Nikolaustag", Mädchen, 6. Klasse (Farbstiftzeichnung). Der Horizont liegt hoch, Vorder- und Hintergrund sind gegeben.

„Eine Zerstörung der Sprachzentren in der linken Hemisphäre führt zu einer vollen Entwicklung der sprachlichen Funktionen der rechten Hemisphäre. Während der Adoleszenz geht diese Fähigkeit zur Substitution verloren. Alles was wir dazu sagen können, ist, dass eine formgebende Fähigkeit der potenziellen Sprachzentren der rechten Hemisphäre atroph geworden ist" (J. Eccles/D. Robinson, S. 156).

Aufschlussreich ist weiterhin die Erkenntnis, dass sich die linke Gehirnhälfte langsamer als die rechte entwickelt, später reift, sich für gewöhnlich stärker ausbildet (neurologisch besser ausgestattet ist, J. Eccles) und im Laufe der Schulzeit die Führung übernimmt. D. h. das Denken löst sich mehr und mehr von der Wahrnehmung „und schreitet zu Lösungsformen auf abstrakt-begrifflicher Grundlage fort" (H. Nickel/U. Schmidt, S. 72). Vgl. die Theorie von J. Piaget zur Intelligenzentwicklung. Beeinflusst wird diese Entwicklung sicherlich auch durch die Tatsache, dass in unserer Kultur der analytische Verstand, das logische, kritische Denken in hohem Maße gefordert ist, über alles geschätzt wird und durch die Schule in besonderem Maße gefördert wird. Somit wird der Beitrag, den die rechte

Gehirnhälfte zu geben vermag immer weniger genutzt, m. a. W.: Logisch-rationales und intuitives, bildhaftes, kreatives Denken werden immer seltener in wünschenswerter Weise miteinander verbunden. (Die Notwendigkeit des Unterrichtsfaches Kunsterziehung, in dem u. a. vor allem imaginative Fähigkeiten und Kreativität entwickelt, gefördert und gepflegt werden, liegt auf der Hand.)

Im Hinblick auf die bildnerische Entwicklung des Kindes ergibt sich Folgendes: Da sich Kinder beim „Denken" stärker auf die rechte Gehirnhälfte stützen als auf die linke, so darf angenommen werden, dass auch ihr bildnerisches Tun im Wesentlichen rechtshemisphärisch gesteuert wird und die eigenartige (besonderen Prinzipien des Formaufbaus folgende) Kinderzeichnung also vorwiegend auf dem Verarbeitungsstil dieser rechten Hemisphäre beruht, d. h. vorwiegend als Ergebnis des „imaginativen Form-Vorstellungsvermögens" betrachtet werden muss, „das sich vom Denken im strengen Sinne, das immer in Begriffen abläuft, fundamental unterscheidet" (R. Reindl, S. 25).

Wenn nun das begriffliche Wissen der Kinder über die Welt und deren Bedeutung wächst, die rationale Welterfassung zunimmt, die kindlich-egozentrische der sachzentrierten Haltung weicht und das logische, kritische Denken verstärkt einsetzt, vermindert sich offensichtlich auch die Fähigkeit des Kindes zum bildhaften (und kreativen) Denken. Das Vertrauen in seine Gestaltungsfähigkeit und -kraft wird in erheblichem Maße geschwächt, die bisherige naive (unreflektierte) Art des Bildermachens geradezu verdrängt bzw. das bildhafte Denken de-aktiviert. Wie M. Kläger aus seiner Arbeit mit erwachsenen geistig Behinderten berichtet, konnte „durch die intellektuellen Entwicklungsdefizite … die Verdrängung des weitgehend unbewussten, archaisch anschaulichen Denkens nicht wie bei Nichtbehinderten eintreten. Daher ergibt sich die vordergründige Ähnlichkeit der Gestaltung bei Kindern und erwachsenen geistig Behinderten" (a. a. O., S. 235).

Wie ja auch die Erfahrung lehrt, lässt um das 11./12. Lebensjahr die Freude der Kinder am Zeichnen und Malen deutlich nach, Abbildetendenzen machen sich bemerkbar; und je mehr nun das Kind in seinen bildnerischen Bemühungen die Außenwelt trifft, um so mehr verschwindet die Naivität. So zeigt sich immer öfters das „Bild" als ein ungereimtes Ineinander von noch naiv gestalteter Form und schon naturalistisch dargestellten Einzelheiten.

Visuelle Kriterien der Beurteilung übernehmen die Führung und ein „Zerfall" der Kinderzeichnung setzt ein. Sobald die Heranwachsenden in der Lage sind, ihre Gedanken und Gefühle durch das gesprochene oder geschriebene Wort mitzuteilen, zeichnen und malen sie für gewöhnlich immer seltener von sich aus.

Zeichnen und malen sie dennoch, dann streben sie danach, die visuelle Erscheinung der Dinge genau(er) wiederzugeben (Pseudo-Naturalismus nach V. Loewenfeld). Dabei spielt auch die Nachahmung naturalistischer Darstellweisen, die sie bei anderen anwenden sehen, eine große Rolle, ebenso ein schulischer Einfluss – bei einer Auffassung von Kunst als einer erscheinungstreuen Wiedergabe der sichtbaren Welt. Dass in einem Kunsterziehungsunterricht Jugendliche zu qualitätsvollen Arbeiten kommen können, sofern sie individuell gefördert werden, und der „Visuelle Realismus" nicht Ziel des Unterrichts ist, kann immer wieder beobachtet werden.

Abb. 17: Baumzeichnungen, Jungen, 13 Jahre

Anmerkungen

[1] Der Begriff „Bildsprache" steht synonym für den Terminus Kinderzeichnung. So wie sich der Mensch in Wort und Schrift mitzuteilen vermag, so kann er es auch mit Hilfe von Bildern tun. Vorzugsweise nützen Kinder diese letztere Möglichkeit und lange schon bevor sie in der Lage sind, sich in abstrakten verbalen Begriffen auszudrücken.
Ähnlich der Wortsprache des jüngeren Kindes ist auch seine Bildsprache naturgemäß noch allgemein und einfach. Sie bereichert und differenziert sich allmählich, vor allem durch „Tun" und entsprechende Anregung, Förderung und Pflege.

[2] Vor einigen Jahren hat E. Brunner-Traut in ihrem Buch „Frühformen des Erkennens. Am Beispiel Altägyptens" (Darmstadt 1992²) dieses Problem wieder aufgenommen und auf die verblüffenden Parallelerscheinungen hingewiesen. Wie sie schreibt, sind solche Gestaltungen (wie die der Kinder) auch bei sämtlichen archaischen Kulturvölkern zu finden, ebenso bei modernen Künstlern, bei Sonntagsmalern, bei einer Anzahl von Geistesgestörten und bei Ethnien. Alle (die genannten Gruppen) gestalten ihre Bilder in nicht-perspektivischer Weise – in der Terminologie von Brunner-Traut „aspektivisch" („Aspektive"). „Perspektive ist jene Darstellweise, die der Aspektive entwicklungsgeschichtlich folgt und eine sprunghaft veränderte Wahrnehmungsweise signalisiert; nicht die optische Wahrnehmungsweise, denn diese ist, solange wir den Homo sapiens kennen, die gleiche geblieben, sondern in die erkenntnismäßige, die kognitiv-psychische Verinnerlichung" (a. a. O., S. 11). (Wir wissen heute, dass kein antiker Künstler eine Pappelallee hätte zeichnen können, die ins Bild hineinführt, bis sie am Horizont verschwindet. E. M. Gombrich, Die Geschichte der Kunst. Frankfurt 1996¹⁶)

[3] Im Jahre 1927 erschien von *Georg, H. Luquet* „Le dessin enfantin". Darin stellt der Autor die Entwicklung des kindlichen Zeichnens dar. Nach seiner Auffassung versuchen Kinder in ihren Zeichnungen und Malereien stets die Wirklichkeit wiederzugeben. Die Entwicklung verläuft nach L. in mehreren Phasen. In der Phase des intellektuellen Realismus zwischen dem 4. und 10. Lebensjahr zielt das Kind bewusst darauf ab, von einem Gegenstand nicht nur das zu reproduzieren, was man von ihm sehen kann, sondern auch das, was es von ihm weiß. Im darauf folgenden visuellen Realismus ordnet das Kind wie der Erwachsene seine Zeichnung immer mehr dem unter, was es sieht.

[4] In Anlehnung an Goodenough/Harris hat Hermann Ziler einen Mann-Zeichen-Test in detailstatistischer Auswertung (Münster 1970²) vorgelegt (s. Exkurs: Zeichnen als psychodiagnostische Methode).
Zeichentests: Sammelbezeichnung für psychodiagnostische Verfahren. Sie bilden eine wertvolle Ergänzung zu den psychometrischen Tests (z. B. HAWIK, s. S. 73 ff.). Ihr Vorteil ist, dass sie auch bei Stummen und Sprachgestörten, ebenso bei schwer gehemmten, ängstlichen und mutistischen Kindern angewandt, und auch jederzeit wiederholt werden können.
Weitere, thematisch festgelegte Zeichentests sind:
– Haus-Baum-Personentest von I. N. Buck (in USA unter der Bezeichnung H. T. P. Technik bekannt). Wie Buck betont, erweist sich die Zeichenaufgabe als vorzügliches psychometrisches Mittel, ohne deshalb an projektivem Wert zu verlieren. Die Verbindung der drei gezeichneten Objekte drückt das Intelligenzniveau des Prüflings aus. Bei einer psychoanalytischen Interpretation der Zeichnungen lassen sich innere Wünsche, emotionale Störungen, Probleme der Anpassung u. Ä. m. aufdecken.
– „Eine Frau geht auf der Straße spazieren, es regnet", ein Zeichentest von H. M. Fay (1924). Der Test kann individuell oder kollektiv angewandt werden.
– Der Baum-Zeichentest von Karl Koch (für Kinder und Erwachsene geeignet): die Anweisung lautet: „Zeichnen Sie einen Baum, es ist ganz gleich, was für einen Sie wollen, nur keine Tanne"; für Kinder: Zeichne einen Apfelbaum. Der Baumtest ist kein eigentlicher Intelligenz-

test, doch gelingt es, aus einigen Faktoren den Intelligenzgrad abzuschätzen. In der Verbindung mit anderen diagnostischen Verfahren liegt sein Wert (dies gilt auch für alle anderen Zeichentests).

[5] Wer sich mit der Kinderzeichnung aufmerksam beschäftigt, weiß, dass sich ungünstige Familienverhältnisse (sog. Milieuschäden), auch geistige und emotionale Störungen in ihnen widerspiegeln. (Eine ausschließlich formale Betrachtungsweise der Kinderzeichnung ist somit unzulänglich.)

Ausgezeichnete Arbeiten liegen diesbezüglich vor:

– „Zeichne deine Familie in Tieren!", ein Test von L. Brem-Gräser, der die Familiensituation erhellen kann.

– „Meine Familie, Ich, mein Haus", ein Test von F. Minkowska. Der Test kann die Rolle und Wichtigkeit, die jedem Familienmitglied zukommt, zeigen, was durch die sichtlich vergrößerten oder verkleinerten Proportionen der Personen, bald durch ihr Fehlen und endlich durch den Platz oder die Reihenfolge, die der Zeichner seinen Personen gibt, unterstrichen wird.

– Der Test von Karen Machover fordert lediglich „irgendjemand zu zeichnen", und danach (auf einem eigenen Bogen Papier) eine Person des anderen Geschlechts zu zeichnen. Die Auswertung dieses Test erfordert Kenntnisse in der Psychoanalyse (s. auch Anm. 42).

– Der Zeichne-einen-Menschen-Test (ZEM) von E. Koppitz gehört wie sie schreibt, „schon deshalb zu den wertvollsten Methoden …, weil er gerade als Entwicklungstest und als projektive Methode verwendet werden kann" (a. a. O., S. 16).

[6] Oftmals hat das vom Kinde bildhaft Geschaffene eine beachtlich hohe (künstlerische) Qualität, insbesondere wenn es sich in reiner Ausprägung, in der Einheitlichkeit des „Stils" einer bestimmten Gestaltungsstufe zeigt. Auch weisen viele Kinderzeichnungen formale Parallelen zur modernen Kunst auf und erinnern durch ihre einfache, oft großzügige Formsprache, den betont flächenhaften Bildaufbau, ihre starke, leuchtende Farbgebung und durch symbolische Elemente an Bildwerke moderner Künstler.

Doch muss das viel gebrauchte Schlagwort von der *Kunst des Kindes* „… als vorschnelle und wiss. Ansprüchen nicht genügende Verallgemeinerung angesehen werden, die durch einen unscharfen, zu weiten und damit wiss. unbrauchbaren Begriff der ‚Kunst', des ‚Künstlerischen' wie auch andererseits des ‚Kindlichen' und schließlich des ‚Schöpferischen' bedingt ist" (G. Mühle, Spalte 570).

[7] E. Kornmann: Über die Gesetzmäßigkeiten und den Wert der Kinderzeichnung. Ratingen 1949
W. Grözinger: Kinder kritzeln, zeichnen, malen. München 1952
G. Mühle: Entwicklungspsychologie des zeichnerischen Gestaltens. München 1955
H. Herrmann: Zeichnen fürs Leben. Ratingen 1963[3]
H. Meyers: Stilkunde der naiven Kunst. Frankfurt 1962
H. Meyers: Die Welt der kindlichen Bildnerei. Witten/Ruhr 1963
W. Neuhaus: Der Aufbau der geistigen Welt des Kindes. Basel 1962
K. Staguhn: Didaktik der Kunsterziehung. Frankfurt 1967
E. Straßner: Bildnerische Erziehung. Bd. 1: Zeichnen und Malen. Wolfenbüttel 1960
W. Ebert: Zum bildnerischen Verhalten des Kindes im Vor- und Grundschulalter. Ratingen 1967
H. Daucher: Künstlerisches und rationales Sehen. München 1967
H. Trümper: a) Allgemeine Grundlagen der Kunsterziehung. Berlin 1953
b) Malen und Zeichnen in Kindheit und Jugend. Berlin 1961
(Handbuch der Kunst- und Werkerziehung)

[8] Dies gilt im Besonderen für Kinder in der Phase des „Naiven Realismus" (ca. 5. bis 10./11. Lebensjahr). Charakteristisch für Kinder dieser Altersstufen ist das „Zeichnen aus dem Kopf", genauer gesagt, aus der Vorstellung, das mit den Gegebenheiten der visuellen Wahrnehmung nur sehr wenig zu tun zu haben scheint. Daher kann der Eindruck entstehen, die Kinder zeichnen nur das, was sie wissen, was sie denken und/oder das, was sie an einem Objekt besonders stark beeindruckt hat, aber sie zeichnen nicht das, was sie wirklich sehen. Denn sie zeichnen ja beispielsweise auch dem Auge Verborgenes,

128

stellen Objekte aus (vermeintlich) verschiedenen Blickwinkeln dar, zeichnen die Gegenstandsformen flächig ausgebreitet (ohne Körperlichkeit, Raumtiefe), sind mehr auf das Typische einer Gattung als auf das Einzelwesen gerichtet, geben Objekte (und deren Teilformen) in unverändert konstanter Form, Größe und Farbe wieder (in ihrem So-Sein und nicht in ihrer anblicksmäßigen Erscheinung) u. Ä. m.

Es handelt sich jedoch jeweils um Lösungsformen (entsprechend dem gegenwärtigen Stand des einzelnen Kindes und der individuellen Art), die im Wesentlichen aus der (noch) ursprünglichen Seh- und Denkweise der Kinder, ihrem bildhaften Denken und ihrem visuellen Wissen hervorgehen, kurz: Ergebnisse ihres imaginativ-intuitiven Denkens sind. M. a. W.: Es ist eine besondere Mitteilungs- und Darstellweise des Vor- und Grundschulkindes, eine Bildsprache von schöpferischer Eigenart, die besondere Formprinzipien und Strukturen hat und weder perspektivischen Regeln folgt noch auf das bloße Abbilden der Dinge gerichtet ist. Somit ist ein am „Naturalismus" geeichter Maßstab für das Verstehen und Beurteilen von Kinderzeichnungen vollkommen ungeeignet.

Aufgrund der Abhängigkeit der bildnerischen Leistungen von äußeren Faktoren und dem unterschiedlichen individuellen Tempo des Voranschreitens der Kinder ergibt sich die Tatsache, dass der bildnerische Leistungsstand gleichaltriger Kinder erhebliche Unterschiede aufweisen kann. D. h. es lassen sich nicht genau die Altersstufen abheben bzw. angeben, in denen sich bildnerische Fortschritte zeigen müssen. Allgemein wird die Entwicklung der kindlichen Bildsprache in Phasen eingeteilt: Kritzelphase (ca. 2.–4. Lebensjahr), Phase des „Naiven Realismus" (ca. 4./5.–10./11. Lebensjahr), Phase des „Visuellen Realismus" (der Begriff stammt von G. Luquet – ab dem 12./13. Lebensjahr; von V. Loewenfeld als „Pseudo-Naturalismus" bezeichnet). Wie bei jedem Entwicklungsprozess sind die Phasen als ein kontinuierlicher Vorgang aufzufassen mit Übergangsformen, in denen Merkmale beider Phasen gleichzeitig vorzufinden sind, bis sich die nachfolgende Phase gefestigt hat.

[9] „Die Spirale als Formelement zeichnerischen Gestaltens lässt sich bis auf früheste Entwicklungsstufen zurückverfolgen. Sie entsteht aus dem Schwungkritzeln und hat einen Rest der Dynamik jener ursprünglichen Bewegungsform noch in sich. Lange bevor das Kind einen Kreis zeichnen kann, bringt es gekrümmte Linien und spiralartige Gebilde hervor. In diesem Stadium ist der Akt des Zeichnens noch als darstellende Gebärde und sein Ergebnis als Bewegungsspur zu verstehen" (L. Navratil, S. 116 f.).

[10] Wie intensiv sich Kinder dem Kritzeln hingeben, ist allgemein bekannt. G. Meili-Dvoretzki berichtet von einem ihrer Söhne, „der eine ausgesprochene Aufteilung in Rundformen und Geraden bei seinen ersten Zeichenversuchen machte" und „seitenlang Rundungen als Bälle, Blumen, dann wieder unbezeichnet zu kritzeln pflegte, um ein andermal ausdauernd parallele Striche anzufertigen" (a. a. O., S. 61).

[11] Etwa nach dem 5. Lebensjahr zeigen sich kulturelle Einflüsse (kulturtypische Merkmale) in den Kinderzeichnungen.

[12] D. Morris (Der malende Affe – Zur Biologie der Kunst. München 1968) versuchte die Kunst an ihren biologischen Wurzeln zu fassen und hat zu diesem Zweck Mal- und Zeichenversuche mit Menschenaffen durchgeführt. Die erzielten Resultate lassen Anfänge ästhetischer Gestaltung erkennen, jedoch konnten die Affen weder einen Baum, ein Haus oder einen Artgenossen darstellen, wie dies Kinder etwa vom dritten Lebensjahr an vermögen. („Für manche Forscher beginnt mit dem Bestreben, sich selbst und die Welt darzustellen, das wirklich Menschliche". In: Geo-Heft Nr. 1/ 1995, S. 25.)

[13] Die Kritzelphase liegt normalerweise im 2. bis 4. Lebensjahr. „…es können jedoch zeitlich starke Schwankungen auftreten, da die Entwicklung und Koordination von Wahrnehmung, Sensumotorik, Vorstellung, Gedächtnis, Motivation und Intelligenz für das Zustandekommen des Zeichnens eine wesentliche Rolle spielen" (In: Lexikon der Psychologie, Hrg. Arnold/ Eysenck/Meili. Freiburg 1977[3], Bd. II/1, Spalte 370)

[14] Der Begriff „Richtungsunterscheidung"

stammt von G. Britsch; in der Fachliteratur meistens als „R-Prinzip" bezeichnet. Das zeichnende Kind meint damit natürlich nicht objektive Rechtwinkeligkeit bzw. rechte Winkel. Es handelt sich vielmehr um ein frühes bildnerisches „Ordnungsprinzip".

Von manchen Autoren wird die Strukturierung des Wahrnehmungsfeldes in Horizontale und Vertikale als „endogen vorprogrammierte Leistung" (R. Oerter) angesehen. „... die Evolution hat unter dem Einfluss der Schwerkraft die Vorherrschaft der beiden Grundrichtungen in das menschliche Nervensystem eingebaut..." (R. Arnheim)

[15] Der Vorgang des bildnerischen Sich-Äußerns wird auf frühen Stufen meist von sprachlichen, mimischen und gestischen Äußerungen begleitet. Das bildnerische Endprodukt stellt also nicht in jedem Falle die ganze Mitteilung des Kindes dar. Außerdem wechselt das Kind das Thema oft während des Gestaltens.

Zweifellos sind die ersten Darstellungen der Kinder recht einfach, ja primitiv, wenn man sie mit der realen Form der vom Kinde gemeinten Dinge vergleicht. Man muss sich jedoch bewusst machen, dass (stark vereinfacht) zwischen dem Akt des Sehens – der Aufnahme von Sinnesreizen – und der bildhaften Darstellung ein solcher der Verknüpfung und „Verarbeitung" liegt.

Wegen der Naivität des Kindes (das ja auch beim Sehen selbst noch wenig auffasst, und auch schon einmal das Ganze aus dem Auge verliert oder seine Aufmerksamkeit nur auf ein hervorstechendes Detail richtet) wird das Ergebnis des (geistigen und emotionalen) Verarbeitungsprozesses sehr einfach, ja dürftig sein. (Es handelt sich aber in keinem Falle um eine bewusste Formvereinfachung bzw. Abstraktionsleistung, wozu das Kind der Fähigkeit bedürfte, Objekte auf das Gemeinsame wie auf das Unterscheidende hin bewusst vergleichen zu können.)

„Wir nehmen nur das von der Wirklichkeit wahr, was sich unserem geistigen und sinnlichen Zugriff erschließt" (K. Staguhn[2], S. 22). „Wahrnehmung ist nicht ... ein rein passives Aufnehmen, Abbilden der gegebe-

nen Wirklichkeit, sondern ein *Prozess der Auseinandersetzung zwischen dem aufnehmenden Subjekt und der Umwelt.* Die von den Sinnesapparaten vermittelten Reize unterliegen einer *Auslese* und *Bearbeitung,* und erst als Produkt dieser Prozesse kommt die Wahrnehmung zustande. Da aber die anlagemäßig gegebenen psychischen Faktoren einer Reifung und Entwicklung unterliegen, so ist das Umwelterleben der Individuen auf den verschiedenen Entwicklungsstufen ein denkbar verschiedenes" (O. Krautter, S. 80).

Visuelle Wahrnehmung: „Optische Empfindung bzw. Wahrnehmung ist *nicht gleich* der phänomenalen *Abbildung* des Gegenstandes auf der Netzhaut, sie wäre vielmehr als ein *Prozess* zu bezeichnen, der durch früheres Lernen (Erfahrung), Motivation, Einstellungen und andere situationsbedingte Faktoren beeinflusst wird" (In: Lexikon der Psychologie. Hrg. Arnold/Eysenck/Meili. Freiburg 1977[3], Bd. I/2, Spalte 775).

[16] Die Gegenstandsformen – vor allem der Schulanfänger – werden im Allgemeinen als „schematisch" oder als „Schemazeichnungen" benannt. Kinderzeichnungen kann man aber nicht als Schemata bezeichnen im Sinne des allgemeinen Begriffs „Schema" – als eines vereinfachten Abbildes. Der Begriff wird bezüglich der Kinderzeichnung ebenso ungenau bzw. irreführend gebraucht wie die Begriffe Kopffüßler, Umklappung, Röntgenbild, Vermenschlichung, charakteristische Ansicht, Rechter Winkel, Grundriss- und Aufrisszeichnung.

Schematisch gezeichnete Formen, wie diese hier, stammen aus (Bilder-)Büchern oder sind von Erwachsenen erfunden. Kinder übernehmen sie oft bereitwillig, doch entbehren sie jeglicher Möglichkeit der Weiterentwicklung; die aber ist in den eigenständigen Gestaltbildungen der Kinder klar erkennbar.

[17] Die bisherigen Befunde deuten darauf hin, dass die Entwicklung der Zeichenfähigkeit

nach einem inneren Programm und einer inneren Gesetzmäßigkeit abläuft. So gibt es obligate Muster, die bei allen Kindern auftreten (H. Daucher).

Interessant in diesem Zusammenhang sind die Aussagen der Gehirnphysiologen zur Sprachentwicklung des Menschen: „Das Ganze ist ein genetisch codierter Prozess, und erstaunlicherweise sind die Sprachzentren, die auf diese Weise gewachsen sind, imstande, jede menschliche Sprache zu erlernen. Es steht außer Zweifel, dass Kinder verschiedener Rassen für das Erlernen von Sprachen die gleiche Fähigkeit haben" (J. Eccles/D. Robinson, S. 156).

[18] Die auf- und zugehende Türe empfindet das Kind rein motorisch-körperlich. Den Empfindungsvorgang präsentiert es mittels rhythmisch bewegter Kritzelspuren auf dem Zeichenpapier. So geben jüngere Kinder auch Räder an Fahrzeugen als spiralähnliche Formen wieder, in dem sie die Bewegung des Drehens nachahmen, nicht aber zeichnen sie die wirkliche Rundform des Rades.

Von der Mutter eines 1 3/4 Jahre alten Mädchens habe ich folgende Mitteilung erhalten: „Wir begegneten einer Katze. Iris war entzückt, als diese ihr um die Beine strich, der Schwanz sich hoch gestellt kringelte und dabei mal ihre Beine, mal ihre Hände, Arme berührte. Zu Hause angekommen zeichnete sie begeistert viele gerade Striche: ‚Banz (= Schwanz), Banz, da auch Banz, Datzenbanz' (= Katzenschwanz)."

[19] Die frühen bildnerischen Arbeiten der Kinder können in keinem Falle als misslungene Abbildungen eines Gegenstandes etc. betrachtet werden. Es geht dem Kinde ja nicht um objektiv erscheinungstreue Darstellungen. Aufgrund der großen Bedeutung taktil-motorischer Umgangs- und Bewegungserlebnisse und der emotionalen Beziehung (gefühlsmäßiges Ergriffensein) des Kindes, wird kein Wert auf sachliche Richtigkeit gelegt, findet (vom realen Objekt aus gesehen) oft eine maßlose Übertreibung gewisser Strukturzüge und Merkmale statt, wird Nicht-Sichtbares sichtbar dargestellt, treten objektiv ebenso wichtige Objektteile zurück oder fallen ganz aus. D. h.: Weder nur das, was das Kind von den Din-

gen „sieht", noch nur das, was es von ihnen „weiß" (visuell weiß), sondern beides und vieles andere mehr – vor allem Taktil-motorisches und Emotionales – geht in die frühe Kinderzeichnung ein.

„Man kann somit sagen, dass sich die wahrnehmungsmäßige Auffassung nicht unabhängig vom Gesamterleben vollzieht, sondern im Gegenteil in dieses eingebettet ist und von ihm mitbeeinflusst wird. Auf diese Wechselwirkung aller psychischen Bereiche wurde besonders von der Ganzheitspsychologie hingewiesen. Sie tritt um so stärker hervor, je jünger das Kind ist" (H. Nickel/U. Schmidt, S. 58).

„Der Erwachsene ist sich in der Regel nicht des Umstandes bewusst, dass die visuelle Orientierung in der Welt einen sehr intensiven Lernprozess voraussetzt, der während der ersten Lebensjahre stattfindet. Die Erfahrungen M. Senders (1932) mit sechsundsechzig blind geborenen Personen, die erst in einem höheren Alter auf operativem Wege sehend wurden, zeigen diesen Prozess aber sehr deutlich. Besonders schwer fiel ihnen das Heraussehen von Einzeldingen aus der Menge der Gesichtseindrücke und deren Identifikation. Auch im normalen Verlauf der Dinge bedarf das Kleinkind dazu der Konfrontation der optischen Eindrücke mit den Tastempfindungen" (In: Fischer-Lexikon Psychologie. Neubearbeitung. Hrsg. P. R. Hofstätter. Frankfurt 1975, S. 155).

Es sind also die taktilmotorischen Erfahrungen, die für das Kind die wichtigste Erkenntnisquelle zum Erfassen von Dingeigenschaften, Funktionen wie auch Bedeutung der Objekte bilden. M. a. W.: Durch eigenes Tun und erlebtes Funktionieren wird das charakteristische Sein der Dinge erfahren.

[20] Das Bedürfnis der Kinder nach klarer Darstellung und Übersichtlichkeit kann sowohl zur Missachtung der objektiven Größenverhältnisse führen als auch zur Vermeidung von Überschneidungen/Überdeckungen (z. B. wenn die auf einer Straße fahrenden Autos in ihrer Größe der Straßenbreite angepasst werden, damit sie nicht die am Straßenrand stehenden Objekte überschneiden oder überdecken). Das

Bedürfnis nach klarer Darstellung sorgt auch dafür, dass genügend Abstand zwischen den einzelnen Objekten eingehalten wird; oder Gegenstände/Details, die sachlicherweise zusammengehören, nur einander angenähert werden (z. B. „schwebt" dann ein Hut über dem Kopf einer menschlichen Figur, berührt ein Spazierstock nur gerade die Fingerspitzen eines Wanderers, steht ein Fernsehapparat neben und nicht im Haus – obwohl vom Kinde im Zimmer stehend gemeint). Viele Missproportionen ergeben sich auch aus sachlicher Notwendigkeit nach Meinung des Kindes (z. B. kann dann ein Pferd, das beladen werden soll, einen überlangen Rücken bekommen, damit bestimmt die ganze Last darauf ihren Platz findet).

[21] Unabhängig von den tatsächlichen Größenverhältnissen wird – dem eigenen Bedürfnis entsprechend – gestaltet. Meist ist der Vorgang unbewusst. Der Wahrnehmungsinhalt wird unter affektivem Einfluss umgeformt. Lässt man z. B. eine Familie zeichnen, so wird oft nicht diejenige Person am größten dargestellt, die objektiv tatsächlich am größten ist, sondern jene Person, die für das Kind den stärksten Autoritätscharakter hat. Das kann die Mutter sein, auch wenn sie in Wirklichkeit kleiner als der Vater ist. Bei Selbstdarstellungen werden in der Zeichnung manche Körperteile weggelassen, weil sie dem Zeichner (unbewusst) „unangenehm" sind; oder es werden bestimmte Körperregionen überdeutlich hervorgehoben oder schattiert.

„Korrigieren wir die Bilder, so mischen wir uns in die gefühlsmäßige Bindung des Kindes an die Objekte ein, die es überbetont hat" (V. Loewenfeld).

(In der primitiven Produktion, bis tief in das Mittelalter, wurden die Größenverhältnisse weniger durch Beobachtung bestimmt als durch geistige Rangordnung. Die Gottheit wurde durch Größe geehrt, der Herrscher durch Größe ausgezeichnet, der anbetende Stifter, der dienende Sklave in relativ kleinem Maßstab gebildet. M. Friedländer, a. a. O., S. 40.)

[22] Der additive Aufbau der Gegenstandsformen beim Gestaltungsprozess bzw. das zeitliche Nacheinander und der Ausfüh-

rungsverlauf (bei menschlichen Figuren im Allgemeinen von oben nach unten), führen zu Disproportionen. So können Einzelformen wie beispielsweise Fenster, Kamin, Türe als Details innerhalb der Gesamtform Haus übergroß ausfallen. (Häufig als „expressive Züge" fehlgedeutet.) Es ist für Kinder nicht leicht, vorwiegend aufgrund ihrer Enge des Bewusstseins (wobei sie immer nur *den* Komplex im Auge behalten, den sie gerade darstellen) „… beim Herstellen eines kleinen Teiles immer an eine Ganzheit denken zu müssen, die zum Teil schon da ist, zum Teil erst bei seiner weiteren Arbeit vervollständigt wird. Wie soll man die linke Umrisslinie eines Beines zeichnen, ohne sie auf die rechte Umrisslinie, die noch nicht vorhanden ist, abzustimmen?" (R. Arnheim, S. 170).

Selbst im Grundschulalter kann das Kind die richtige Funktion der Gliedmaßen, des Rumpfes, einer haltenden Hand etc. nicht „richtig" darstellen.

„Proportionen können aufgrund des additiven Denkens, das noch keine vergleichenden Beziehungen zwischen Einzelheiten herstellen kann, grundsätzlich nicht berücksichtigt werden. Im Laufe der Kindheit verändern sich die Proportionen der Einzelkörperteile graduell. Der Kopf verliert seine Dominanz und wird nach und nach kleiner, u. Ä." (H. John-Winde/G. Roth-Bojadzhiev, S. 247).

[23] „Die fehlende Stirn, das fehlende Kinn bei primitiv gezeichneten Köpfen von Kinderhand … sind so zu verstehen: Zunächst nur die Aussage *runder Kopf*, allgemein und ohne nähere Ausformung der besonderen Art von Rundlichkeit, und einfach Augen, Nase, Mund in diese Rundform passend verteilt; dann allmähliches Strecken des allgemeinen Rundes, wobei selbst redend wie immerdar auch Beobachtung mitwirkt. Dazu ein gleichsinniges Sicheinpassen der *Inneneinrichtung* Augen, Nase, Mund. Ist dies im Gang, dann wendet sich das Kind mehr und mehr dem Zeichnen des Kopfes *von der Seite* zu, weil so am besten das Erstrebte zu erzielen ist, nämlich die immer reichere Gestaltungsform im Zeichnen" (H. Herrmann, In: Summa summarum; S. 13 f., Ratingen 1960).

Zu dieser „Inneneinrichtung" gehören oftmals auch die beiden Bäckchen/Wangen, die als isolierte Teile (Rundformen oder Farbflecke) im Gesicht stehen.
„Für das Kind ist das von vorne gesehene menschliche Gesicht mit seinen *beiden* Augen eine sehr vertraute Wahrnehmung. Sicherlich kommt diesem tief eingeprägten Schema im Erleben ein höherer Ganzheitscharakter als dem einzelnen Auge zu. Die Vorstellung oder Gestaltung des einen Auges (bei der Profildarstellung des Kopfes, d. Verf.) setzt die Zerstörung jener durch das ursprüngliche Erleben stark fixierten Ganzheit voraus" (L. Navratil, S. 121). Unnatürlich vergrößerte Augen findet man in vielen Werken der bildenden Kunst.

[24] Sobald der Zeichner erkannt hat, dass die Bewegung der einzelnen Glieder nicht unabhängig von der Bewegung des übrigen Körpers (Rumpf, Nacken, Hals) gestaltet werden kann, versucht er den Bewegungszusammenhang am ganzen Körper herzustellen. Entsprechende Aufgabenstellungen können den Differenzierungsprozess stark fördern, doch mischen sich noch lange die alten mit den neuen Auffassungen bzw. Lösungen (auch Darstellungsgewohnheiten können dabei eine Rolle spielen). So ergeben sich zwangsläufig „Gestaltzwitter" (vgl. Abb. 53). Erst spät werden die Glieder in den Gelenken geknickt bzw. abgewinkelt, Überschneidungen, partielle Verdeckungen, Verkürzungen, Verjüngungen (an Armen, Beinen, Taille, Gesäß) gewagt. Ältere Schüler wagen sich auch an Modellierung des Körpers und versuchen Schrägansichten zu verwirklichen. (Bei naturgetreuer, perspektivischer Darstellung kann kein Glied eines Körpers bewegt werden, ohne dass die dazugehörigen Glieder mitbetroffen sind, da alle mit allem zusammenhängen und miteinander eine Bewegungseinheit bilden bzw. einen organischen Formzusammenhang. Dies alles – anatomisch und konstruktiv richtiger Aufbau des menschlichen Körpers – ist aber nicht Aufgabe des Kunstunterrichts an Schulen.)
Da Kinder immer jeweils den ganzen Gegenstand beim Zeichnen meinen und nicht nur das, was von ihm, von einem bestimm-

ten Stand – bzw. Blickpunkt aus gesehen werden kann, fügen sie unbekümmert um die richtige Ansicht, einfach Stück an Stück zum Ganzen zusammen – setzen beispielsweise zwei Beine einer sitzenden Figur über- und parallel zueinander, obwohl sie beim direkten Anblick in dieser Weise nicht erfasst werden können. (Ähnliches zeigt sich z. B. bei der Darstellung von Autos, deren Räder einfach nebeneinander gereiht werden.) Alles muss eben in der Zeichnung/im Bilde sichtbar sein, in der charakteristischen, konstanten Form. Nur vom Standpunkt des Erwachsenen aus, geben diese Menschendarstellungen eine Mischung aus verschiedenen Ansichten wieder (der Kopf im Profil, das Auge in Enface-Darstellung; oder Oberkörper, Schultern und Brust von vorne, bewegte Arme und Beine von der Seite). Die „innere Verbundenheit" mit dem „Schema" des von vorne gesehenen Menschen bewirkt, daß die Wendung ins Profil ein langwieriger Prozess mit vielen Zwischenstufen ist (vergl. auch Anmerk. 37 und Farbtafel 4 oben).
(„Wenn jemand meinen wollte, diesem scheinbaren Mangel könne doch durch bessere Beobachtung abgeholfen werden, so täuscht er sich. Abgesehen davon, dass Beobachtung rasch sich bewegender Figuren fast nicht möglich ist, kann *Beobachtungsmaterial* nur vom dem genutzt werden, der es einer *auswendig* gezeichneten Figur zügig einzuverleiben imstande ist. Aber es müßte nicht *auswendig* heißen, sondern inwendig, denn der Ursprung alles Zeichnens kommt von innen her und davon ist auch bei weiter entwickelten Figurationen immer noch etwas zu spüren. Der Zeichner muß seiner Figur sicher sein wie der Sänger seines Liedes und darf diese nicht aus einzelnen *Beobachtungen* zusammenstückeln." H. Herrmann; in: Die Gestalt, Heft 1975/2, S. 44.)

[25] Für die Darstellung erlebter Fremdbewegung finden die Kinder oft „motorische" Lösungen. Um z. B. einen Omnibus in rasender Fahrt zu zeigen, werden dessen (meist überzählige) Räder durch vielfaches Kreiskritzeln bildhaft realisiert; oder es wird die Drehbewegung der Windmühlen-

flügel mit darüber gelegtem dichten Liniengefüge rein motorisch nachvollzogen. Die sich drehenden Räder oder Windmühlenflügel werden vom Kinde wohl am eindrucksvollsten erlebt und kehren deshalb als die typischen Merkmale in der Vorstellung wieder. Sich drehende Räder oder Flügel lassen sich jedoch nicht zeichnen. Deshalb weicht der Zeichner auf „motorische" Lösungen aus, die grafisch fixiert werden (K. Staguhn[2], S. 88).

Nicht selten findet sich dieselbe Person mehrmals auf dem Bilde, wodurch ihre Ortsveränderung zur Darstellung gebracht wird. Noch auffälliger ist die Lösung, welche der Person mehrere Arme, Beine oder gar Köpfe gibt, um auf diese Weise Bewegung zum Ausdruck zu bringen (W. Plarre: Die Darstellung der Bewegung in der Kinderzeichnung. Leipzig 1930.)

[26] „Der Frage, welche Farben die größte Anziehungskraft für Kinder haben, sind die amerikanischen Ärzte, Dr. Thomas Forest und Herbert H. Jolly nachgegangen. Die Untersuchung, die sich auf Versuche mit Kindern im Alter von ein bis acht Jahren erstreckte, ergab die nicht mehr neue Erkenntnis, dass ganz allgemein leuchtende, kräftige Farben am beliebtesten sind. An der Spitze lag ein tomatenfarbenes Rot, gefolgt von Rosa, Orange, Gelb und Blau. An letzter Stelle lagen Braun, Weiß und Schwarz" (In: SonntagsZeitung vom 13. 1. 1996. Augsburg)

[27] Auf der Stufe der „Farbunterscheidung" wird nicht eine „wirkliche", eine Gegenstandsfarbe bzw. Lokalfarbe wiedergegeben. Genauso wie auf der Stufe der primären „Richtungsunterscheidung" nicht wirkliche Richtungen dargestellt werden. Es handelt sich in beiden Fällen um „erste" – allgemein gültige – Erkenntnis.

[28] *Lokalfarbe:* „Eigenfarbe eines Gegenstandes, die diesem unabhängig von besonderen Lichtverhältnissen, der Perspektive und vom Standpunkt des Betrachters anhaftet und die vom Künstler nicht zu anderen Farben in Beziehung gesetzt (Außerachtlassen des Simultankontrastes) oder auf den Gesamtton des Bildes abgestimmt ist" (In: W. Nerdinger, Hrg., Perspektiven der Kunst. München 1990).

[29] Anthropomorphe Züge: Ausdeuten einer Form durch Bezugnahme auf die menschliche Gestalt; im engeren Sinne Vergesichterung bzw. anthropomorphes Gesichtsmuster.

Auch die nichtmenschliche Umwelt kann menschliche Züge annehmen. Das Kind glaubt lange Zeit, dass alle Dinge seiner Umgebung mit den gleichen Fähigkeiten ausgestattet sind wie es selbst. Von einem Vermenschlichen kann aber nicht die Rede sein. Es besteht eben für ein jüngeres Kind kein Unterschied, ob der Mensch oder das Tier sieht, hört, isst, riecht etc. Entsprechend wird der gleiche Sachverhalt formal in der gleichen Weise gelöst. Da das Kind lange Zeit nicht zwischen belebt und unbelebt unterscheidet, bekommen hin und wieder auch leblose Objekte, z. B. ein Haus ein Gesicht (hierbei werden Fenster und Türe – unbewusst – gesichtsartig angeordnet).

Aus einem Wissenschaftsbericht: „Manchmal malen die Indianer an Bug und Heck des Kanus ein Auge, damit das Boot sehen könne wohin es fährt" (Zitiert in: C. Schietzel, Technik und Natur. Braunschweig 1960).

[30] Die Entdeckung der Beziehung zwischen Farbe und Gegenstand gehört notwendigerweise zur geistigen Entwicklung eines jeden Kindes (u. a. Kriterium der Schulfähigkeit). Es besteht allerdings die Gefahr der farblichen Schematisierung, d. h. dem Schüler fällt es schwer das „Ding-Farbe-Schema" zugunsten einer farbdifferenzierten Malerei aufzugeben. Das einmal Erkannte (Begriffene) fordert offensichtlich Festigung (Stabilisierungsprinzip nach Meyers). M. a. W.: Die „Schematisierung" wird zunächst „ausgekostet", als Sicheres und Gekonntes erfahren.

Vom 11./12. Lebensjahr an wächst im Allgemeinen der Sinn für differenziertere Farbtöne, für Abstufungen der Farben, auch für Grautöne. Die Entwicklung in dieser Hinsicht kann u. a. so gefördert werden, dass man zuweilen die Farbwahl begrenzt (Malen mit eingeschränkter Palette), d. h. dem Schüler erlaubt etwa mit nur zwei Nachbarfarben zu arbeiten; auch kann eine einfache Farblehre gegeben werden.

Ziel des Malens ist das Schaffen einer farbigen Einheit (als Entsprechung zu einem bestimmten Inhalt).
Kunstgeschichtlicher Hinweis:
„Man darf sagen, für lange Zeit war Malerei nichts als kolorierte Zeichnung" (M. Friedländer, Von Kunst und Kennerschaft. Leipzig 1992) und: Im Großen und Groben entwickelte sich die bildende Kunst von der Zeichnung zur Malerei (M. Friedländer, a. a. O., S. 27).

[31] Das Kind zeichnet eine Szene nicht so, als sähe es sie von einem bestimmten Blickpunkt aus, sondern in Übereinstimmung mit seinen täglichen Erfahrungen, mit dem was es „weiß" über die Welt als ein darin Handelnder: Im Zimmer stehe ich auf dem Boden und die Zimmerdecke ist über mir; auf der Straße oder im Garten stehen meine Füße fest auf dem Boden und über mir ist der Himmel. Ob das Kind nun Innenraum (z. B. Küche, Wohnzimmer – s. Abb. 42) oder Außenraum (z. B. Straße mit Häusern etc., s. Abb. 37, 44, 55) darstellt, es wird diese Erfahrung genau so auf die Zeichenblattfläche übertragen.

[32] Für die Darstellung von Tier, Mensch und alle anderen Objekte gilt, dass Kinder stets die eindeutigste „Sicht" bevorzugen, die signifikanten, charakteristischen Merkmale der Objekte in ihrer konstanten Form wiedergeben, auch wenn sie sich im bloßen Anblick so nicht zeigen.
Vergl. Menschendarstellungen in der altägyptischen Reliefkunst und Malerei, und Bildwerke moderner Kunst, z. B. von Marc Chagall: In seinem Gemälde „Der Viehhändler" (1912) ist das Füllen im Bauch des Zugtieres zu sehen („Röntgenbild"); der Kopf des Cellisten (1939) ist gleichzeitig in Vordersicht und im Profil zu sehen. Ähnlich simultane Gestaltungen zeigen in ihren Bildern Pablo Picasso, Georg Braque u. a. Die *Kubisten* stellten einen Gegenstand von mehreren Seiten gleichzeitig dar.

[33] In perspektivischer Sicht verändert ein Objekt mit zunehmender Entfernung seine Größe, Form, Farbe; es verschieben sich die Winkel, die Gegenstandsformen sind verkürzt, verkleinert, partiell verdeckt usw. – so wie die Dinge eben von einem bestimmten, einzigen Blickwinkel aus erscheinen; während ein vom Kinde dargestellter Gegenstand form-, größen- und farbkonstant bleibt (unabhängig von Entfernung, Blickwinkel, Beleuchtung). Das Kind gibt die „wirkliche" Form, Farbe der Dinge (ihr So-sein) wieder. So wird beispielsweise ein auf dem Tisch – in gewissem Abstand vom Betrachter – liegender runder Teller als Keis dargestellt, obwohl das auf der Netzhaut des Auges abgebildete Objekt mehr ovalförmig erscheint. Ein weiteres Beispiel wäre ein Schachbrett, das vom Kind quadratisch gezeichnet wird und nicht schiefwinklig (wie auf der Netzhaut abgebildet). Verzerrungen werden in der Regel nicht spontan gesehen. Auch einen rechteckigen Koffer „sehen" wir in seiner wirklichen Größe und rechtwinklig, auch wenn das durch die Augenlinsen entworfene Bild die projektiven Verzerrungen aufweist. Gras wird auch im rötlichen Abendlicht grün „gesehen", und die Bäume am Ende einer Allee erscheinen wohl – aufgrund ihrer Entfernung – kleiner, trotzdem erkennen wir ihre wirkliche Größe.
Konstanz:
„Konstanz, ein Wahrnehmungsausgleich, aufgrund dessen Objekte trotz objektiver Veränderungen in der Wahrnehmung konstante Eigenschaften beibehalten. So erscheinen Objekte auch bei Betrachtung aus verschiedenen Entfernungen gleich groß und bei unterschiedlicher Beleuchtung farbkonstant" (In: Lexikon der Psychologie. Hrg. Arnold/Eysenck/Meili. Freiburg 1977[3], Bd. II/1, Spalte 327).

[34] Wie man für die zunehmende Gliederung und Differenzierung einer Gesamtform wie menschliche Figur, Haus, Baum, Fahrzeug, Tier je *idealtypische* Entwicklungsreihen aufstellen kann, so lassen sich auch für Details eines dieser Motive Differenzierungsbeispiele geben, so wie z. B. für die Hand-Darstellung bei menschlichen Figuren:

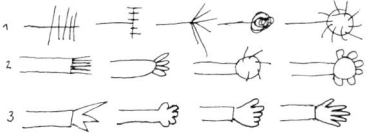

Bei der Darstellung von Fahrzeug und technischem Gerät zeigen sich gleiche Entwicklungstendenzen wie bei menschlicher Figur, Haus, Baum und Tier: Erste Fahrzeugdarstellungen sind durch ganz einfache Fahrgehäuse, die noch keine bestimmte Form aufweisen, und durch viele Räder gekennzeichnet. Dabei begleitet das jüngere Kind seine zeichnerische Tätigkeit oftmals mit dem Nachahmen der Fahrgeräusche. Allmählich – durch Erfahrung an Spielzeugfahrzeugen und durch Beobachtung – werden typische Merkmale bewusst, und in die Darstellungen aufgenommen. Z. B. bekommt die Lokomotive einen Schornstein und viele Räder, der Lastwagen ein Führerhaus, dazu Motor, Laderaum und nun meistens nur noch Vorder- und Hinterrad oder vier Räder nebeneinander. Auch finden be-

obachtete technische Details ihren Niederschlag in den Zeichnungen (z. B. Schalthebel, Lenkrad). Allmählich kann der Umriss der Fahrzeuge genauer bestimmt werden; weitere Einzelheiten bereichern das Ganze. Bis ins Schulalter hinein werden auch „durchsichtige" Fahrzeuge dargestellt (sog. Röntgenbilder, s. Abb. 96).

[35] Im „Kopffüßler" gelingt es dem kleinen Zeichner grafische Elementarformen (Kreise, Striche) sinnvoll miteinander zu verbinden.

„Innerhalb dieser Beschränkung durch die knappe Anzahl von Elementen und durch das Ausmaß der Synthese, zu dem das Kind fähig ist, wirkt sich nun die relative Wichtigkeit jedes Teiles der Gesamtgestalt, und

Figur 2:
„Vogel"; Schulanfänger

Figur 1:
„Elefant";
Mädchen,
4 Jahre alt

Figur 3:
„Vogel"; Junge, 6;4 (IQ = 70)

Figur 4: „Katze"; Junge, 6;0
(schwach begabt)

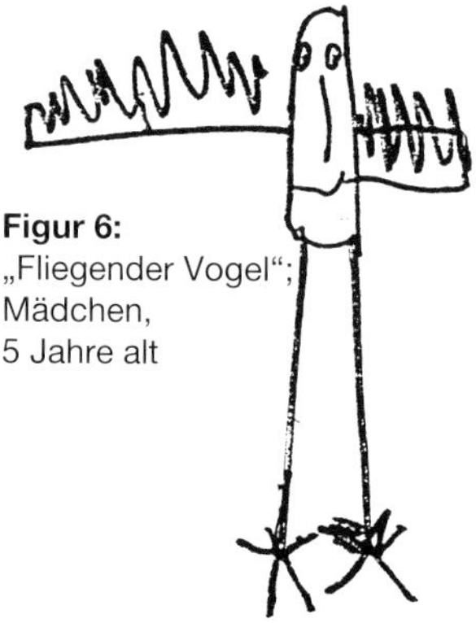

Figur 6:
„Fliegender Vogel";
Mädchen,
5 Jahre alt

Figur 5: „Hund"; Junge,
4 Jahre alt
(Aus: R. Arnheim)

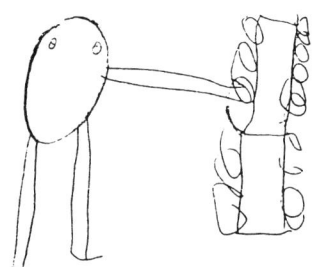

Figur 7: „Elefant und Apfelbaum";
Junge, 6;0 (schwach begabt)

zwar in doppelter Hinsicht aus: die formale und die funktionale Wichtigkeit. Wenn die Beine neben dem Gesicht ein so starkes Gewicht besitzen, so darum, weil sie 1. im Gesamtleben des eigenen Körpers bedeutsam für das Kind sind und eine gut definierbare Funktion haben, 2. weil sie an dem, vom formalen Aspekt aus wichtigsten Wesensmerkmal der Menschengestalt Anteil haben: der Vertikalen und 3. weil sie als einfache Geraden oder als Geraden mit rechtwinkliger Abbiegung ... prägnant strukturiert sind" (G. Meili-Dworetzki, zit. in: H. G. Richter, a. a. O., S. 41).

So viel wir wissen, gehen die meisten Kinder durch die Kopffüßler-Phase, wobei für einige Kinder diese Phase nur wenige Tage, für andere jedoch mehrere Monate dauern kann.

Gelegentlich fallen ältere Kinder wieder auf den Kopffüßlertyp zurück (Regression?) oder nützen ihn für eine besondere Aussagerolle im Bildzusammenhang.

Wenn in der Kinderzeichnung wichtige Details weggelassen werden, so geschieht dies häufig aufgrund der noch unvollständigen teilinhaltlichen Durchgliederung des Wahrnehmungsobjektes. Z. B. fehlt in den Gesichtern der frühen Menschendarstellung sehr oft die Nase, während das erlebnismäßig wichtigere Augenpaar und der Mund vorhanden sind. Die Differenzierung der menschlichen Hand erfolgt nach und nach. Ihre Vielfingerigkeit (am Anfang der gegenständlichen Darstellung) ist als Zeichen für die vom Kinde zunächst erkannte Vielgliedrigkeit einer Hand zu verstehen. Oft fehlen sogar die Arme. Die Vertikalität der menschlichen Figur (die Basis-Struktur) scheint so wesentlich zu sein, dass die horizontalen Aspekte leicht übersehen werden bzw. Arme und Hände werden beim Zeichenvorgang selbst nicht bewusst. Die Figuren 1–7 zeigen, dass es auch im Tierreich Kopffüßler bzw. Kopfflügler u. Ä. gibt. Eine Differenzierung zwischen der optisch doch so verschiedenen Gestalten wie Mensch und Tier erfolgt relativ spät. Bei Debilen und Imbezillen bleibt dieses Gestaltungsmuster über viele Jahre (auch im Schulalter) bestehen.

[36] Lange Zeit kann die „emotionale Fixie-

rung" an die Vorderansicht des menschlichen Körpers bzw. die „innere Verbundenheit" mit dem „Schema" des von vorne gesehenen Menschen in den Zeichnungen und Malereien der Kinder beobachtet werden.

[37] Mischprofil bzw. gemischtes Profil: Ein menschlicher Kopf, der teils enface und teils im Profil gezeichnet ist. Es gibt hierzu eine Fülle versch. Kombinationen (s. Abb. u.); dabei wird im Allgemeinen die Nase zuerst ins Profil gezeichnet.

Das gemischte Profil kennzeichnet ein Übergangsstadium in der bildnerischen Entwicklung des Kindes zur vollendeten Seitensicht. Das Profil ist das höhere, vom Kinde später erworbene Gestaltungsmuster; die Vorderansicht bzw. Enface-Darstellung ist das ursprünglichere und einfachere. Bei geistig Zurückgebliebenen bleibt das Mischprofil oft lange oder bleibt dauernd bestehen (s. auch Anm. 23).

2. Schj.   1. Schj.   2. Schj.

2. Schj.   Kn. 10 J.   12. J.

Mischprofile und Profilzeichnung

[38] *Häuser.* Am Ende der Grundschulzeit verfügen die meisten Kinder über den bekannten Schrägzug „im mittleren Winkel", Figuren 1–3. Uneinheitliche Darstellungen sind häufig (Figuren 4 und 5) und auch noch im Hauptschulalter anzutreffen (Figuren 6, 7 und 8, Abb. 60).

„Typisch für Denkprozesse ganz allgemein sind auch die verworrenen ‚hässlichen' Übergangsformen, zu denen es kommt, wenn jemand eine gut organisierte Konzeption aufgibt, um zu einer höheren, komplexeren und angemesseneren fortzuschreiten ... Die daraus entstehende Unordnung mag zwar unansehnlich aussehen, zeigt aber den nach Klärung suchenden Geist am Werk. Es handelt sich um ein zielgerichtetes, produktives und daher unentbehrliches und erzieherisch willkommenes Experimentieren" (R. Arnheim, S. 251).

[39] Obwohl immer mehr Hochhäuser und Flachbauten das Bild der Städte und Dörfer bestimmen, zeichnen die Kinder weiterhin vorzugsweise Häuser mit dem Giebeldach. (Anregungen durch Bilderbücher, Mal- und Zeichenvorlagen, übernommene Schemata?)
Ältere Kinder zeichnen selbstverständlich ein „modernes" Haus (Rechteck mit vielen Fenstern) und bemühen sich später auch besondere Gebäude zeichnerisch „in den Griff" zu bekommen, z. B. Parkhaus, Traumhaus mit Swimmingpool, Bauerngehöft. Man kann sagen, „das Besondere" wird in der Regel später zum bildnerischen Motiv und das bekannte, konventionelle Häuschen mit dem Giebeldach wird vorher gezeichnet. Zu welch erstaunlichen Lösungen es dabei kommen kann, zeigen die Tabellen; wie sich die Sache weiter entwickelt ist in Abb. 60 und im Anhang auf S. 119 f. zu sehen.

[40] Die Umrisslinie scheidet zwischen Innen und Außen. Das Federkleid des Vogels auf Abb. 64, Figur 4, 8 und 10 wird deshalb um die Außenform herum gezeichnet. Die gleiche bildnerische Lösung finden wir z. B. beim Stachelkleid des Igels und beim Fell des Hundes. Deshalb kann einem Kinde die Aufforderung eines Erwachsenen als unsinnig erscheinen, die leere Innenfläche eines Hundes genauso mit Haaren zu bedecken, wie sie rings um den Umriss schon gezeichnet sind. So antwortete ein achtjähriges Mädchen: „Der hat doch keine Haare im Bauch!" (H. Meyers[3], S. 91). Andererseits kann man das gleiche Kind über die Dummheit einer Frage erstaunen lassen, ob das von ihm gezeichnete Männlein seine Mantelknöpfe im Bauch habe: „Die sind doch davor!" (H. Meyers[3], a. a. O.).
Über die spezielle Tiergattung können die meisten Schüler der 1. Klasse noch keine differenzierten bildnerischen Aussagen machen.

[41] Pars-pro-toto-Darstellung: Ein wesentlicher Teil steht für das Ganze bzw. dieser Teil vertritt nicht nur das Ganze, sondern ist das Ganze (vergl. Abb. 68).

[42] Der von Karen Machover ausgearbeitete Zeichentest (siehe Anmerkung 5) eignet sich dafür besonders gut. Nach den Anweisungen der Autorin betrachtet man nacheinander Kopf und Gesicht, die als „Ausdruck der Sozialität" betrachtet werden, danach die Gliedmaßen, die die anatomischen Elemente des „äußeren Kontakts" sind, dann den Rumpf, die Gürtelgegend, die Kleider und endlich den allgemeinen Eindruck, den die Zeichnung macht: Symmetrie, starke oder zarte Linienführung, Anordnung auf dem Zeichenblatt, Größe der Figur(en), Flüchtigkeit, Mangel an Begrenzung etc. Außerdem ist es wichtig, die beiden Zeichnungen miteinander zu vergleichen und auf einige Details wie Schatten, Auslassungen, Ausradierungen und Auslassungen gewisser Körperteile (die für Konflikte sprechen) zu achten. Das Alter der Testperson spielt für die Testdurchführung selbst keine Rolle. Da man aber weiß, dass Kinder im 4./5. Lebensjahr Kopffüßler zeichnen, bedarf es keiner weiteren Erörterung, dass eine solche Gestaltbildung in der Zeichnung eines Erwachsenen ein wichtiges Zeichen eines Rückstandes oder einer Regression bedeuten würde. Für die Interpretation sind umfassende tiefenpsychologische Kenntnisse ebenso nötig, wie die Kenntnis der Kinderzeichnung (im Detail) und die Psychologie der verschiedenen Altersstufen.

[43] „Die Mann-Zeichnung ist eine Aussage des Kindes darüber, wie es den Menschen sieht und sein Wahrnehmungsfeld gliedert. Lediglich das wird im Mann-Zeichen-Test gewertet. Es wird also gewertet, welche Körperteile, Gesichtsteile usw. mit anderen Worten *was* das Kind zeichnet, nicht aber *wie* (im ästhetischen Sinne) es zeichnet … Nach unserer Erfahrung kann ein geistig *gut entwickeltes* Kind unter normalen Verhältnissen wohl eine schwache Zeichnung liefern, es kann aber mit seiner Mann-Zeichnung nicht tief unter seiner Altersstufe liegen" (H. Ziler, a. a. O., S. 18).
Bei der Prüfung eines Kindes auf Schulfähigkeit hat sich auch diese Aufgabe bewährt: Zeichne zwei verschiedene Men-

schen, einen Mann und eine Frau. Hierbei wird offensichtlich, wie das Kind von sich aus die Eigenschaften der Personen beobachtet und miteinander vergleicht, Unterschiede feststellt und hervorhebt. Differenzierungsleistungen im Bereich der visuellen Wahrnehmung werden mit zunehmendem Alter repräsentativ für das Intelligenzniveau eines Kindes. „Die Fähigkeit, Wahrnehmungsobjekte teilinhaltlich zu erfassen, kann wahrscheinlich als ein wesentliches Charakteristikum der Intelligenz dieser Altersstufe gelten, da sie aus einer *realistischen Hinwendung* zur Umwelt resultiert. Das Erfassen der Beziehung zwischen dem Ganzen und seinen Teilen kann als wesentlicher Faktor der Intelligenz 4- bis 7-Jähriger aufgefasst werden" (L. Schenk-Danzinger, S. 113).

Genaue Schilderung (zahlreiche Details) kann bei Kindern als Merkmal der Realitätsanpassung gelten; vergl. z. B. Farbtafel 4 (oben).

Eine Intelligenzschwäche betrifft in der Regel das ganze Kind insofern, als es sich vom ersten Lebenstag an langsamer als andere Kinder entwickelt. Es erfasst und lernt alles später. Auffällig wird das Kind insbesondere bei der Beschäftigung mit konstruktivem Material: Während das Rollenspiel des schwächer befähigten Kindes sich von dem des normalen nicht in auffälliger Weise unterscheidet, ist der Unterschied im Konstruktiven meist bedeutend und signifikant. Soll das Kind mit Material wie Papier, Plastilin usw. umgehen, weiß es meistens damit nichts anzufangen. Es weicht daher solchen Aufgaben aus. Beim Malen wird lange nur Farbe aufgeschmiert, oftmals am gleichen Fleck.

Ähnlich ist es beim Zeichnen mit Blei- oder Buntstift. Aus dem Kritzelstadium findet das Kind lange Zeit nicht heraus. Auch die Arbeit mit Plastilin oder anderem plastischen Material stellt die zurückgebliebenen Kinder vor viele Probleme. Plastilin wird meist nur zerzupft, und erst auf kommt das Kind darauf (in der Regel muss es doch vorgezeigt werden), dass man damit Knödel, Schlangen, Würste etc. formen kann. Bei Papierklebearbeiten wird oft nur Stück um Stück über das andere geklebt oder unzu-

sammenhängend aufgeklebt. D. h. schwachbefähigte Kinder lernen kaum spontan. Beim gemeinsamen Lernen – von Sprüchen, Liedern usw. wird es unruhig und kann nicht folgen, zeigt geringe Merkfähigkeit für Worte, Zahlen, Sätze und Mängel beim Nacherzählen einer Geschichte. Desweiteren: Geringes Gedächtnis für Sequenzen (Gesten nachahmen, Rhythmen nachklopfen, komplexere Handlungsabläufe imitieren) – Interesse für Gesellschaftsspiele durch zu starke Ichhaftigkeit behindert, Sinn für einfache Spielregeln eingeschränkt. – Bildnerisches Verhalten: Primitive zeichnerische Darstellung. Gestaltgliederungs- und Differenzierungsmangel (wenig Details), kennt nicht mit Sicherheit die Farben (Weiß, Gelb, Rot, Blau, Grün, Braun, Schwarz) – Mangelhaftes visuelles Gedächtnis und Herabsetzung der Prägnanz (sie können ähnliche Strukturen erst bei relativ großer Differenz als verschieden erkennen; sie haben also Unterscheidungsprobleme) – Zeitliche und räumliche Orientierung häufig nicht gegeben – Angaben persönlicher Daten oft nicht hinreichend möglich. Distanzlosigkeit ist bemerkbar – Koordinationsschwäche der Feinmotorik – es gelingt ihnen oft nicht, altersgerecht nach- und auszumalen, vorgezeichneten Linien nachzufahren – Aufmerksamkeit ist diffus, schwankend, perseverativ und klebend – Arbeitshaltung: Verlangsamtes Tempo, wenig Ausdauer, unselbständig, hilflos, leicht unlustig, schnell müde, bleibt nicht ernsthaft bei der Sache – Sozialität: Gibt sich gerne mit jüngeren Kindern ab.

[44] Die Schemaformen für Haus, Baum und Tisch sind dem Entwicklungstest von H. Hetzer entnommen. (Aus der Testreihe für fünfjährige Kinder.) Zwei der drei vorgegebenen Objekte müssen in allen Einzelheiten nachgezeichnet werden (vgl. dazu die Fallbeispiele Abb. 80b und Abb. 82b).

„Es gibt zum Beispiel eine Entwicklungsstufe, wo die Quadrate, Rechtecke, Kreise,

Ellipsen usw. einheitlich durch ein und dieselbe geschlossene Kurve ohne Seiten oder Winkel dargestellt werden (die Zeichnung eines Quadrates wird erst nach dem 4. Lebensjahr einigermaßen richtig)..." (J. Piaget/B. Inhelder, S. 73)

Vorlage

Abzeichenversuch

Kn. 5; 10

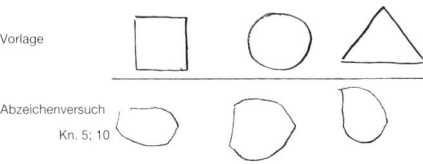

Beispiel: Abzeichenversuch eines schwach begabten Jungen, 5;10, nach der Vorlage oben.

Bei der Intelligenzprüfung mit dem Stanford-Binet-Test zeigt sich, dass ein durchschnittlich begabtes fünfjähriges Kind ein Quadrat nachzeichnen kann, während die Nachzeichnung eines Rhombus erst dem 7-jährigen Kinde gelingt.

[45] Unter Kreativität wird im Allgemeinen die Fähigkeit eines Menschen zum „schöpferischen" Denken und Handeln verstanden.

„Wir verstehen unter Kreativität jene Fähigkeiten, Kräfte und Begabungen, die wir mit komplexen und teilweise wenig exakten Begriffen wie Intuition, Imagination, Inspiration, Einfallsreichtum, Erfindungsgabe, Originalität oder (in mehr wissenschaftlicher Formulierung) als produktives Denken, Problemlösen und planende Fantasie zu fassen suchen" (G. Heinelt, S. 182). Der Begriff Kreativität (von J. P. Guilford zuerst gebraucht) hat allerdings noch keine übereinstimmende definitorische Klärung gefunden; die Untersuchungen sind keineswegs abgeschlossen. Es hat sich aber die Auffassung durchgesetzt, dass

„1. Kreativität eine mehr oder weniger verfügbare Grunddimension eines jeden Menschen ist, unabhängig von der Höhe seiner Intelligenz.

2. durch Einsicht in die Wirkweise kreativen Verhaltens latente kreative Potenzen auf nahezu jeder Verhaltensebene aktualisiert werden können; und

3. geeignete Erziehungsmaßnahmen kreative Kräfte schon beim Kind entscheidend wecken und fördern können" (G. Heinelt, S. 181).

Die Kreativitätsforschung geht von den USA aus, insbesondere von J. P. Guilford und seinem Konzept des divergenten Denkens. „Divergentes Denken umfasst nach dem Guilfordschen Intelligenzstruktur-Modell einen Teilbereich der Intelligenz. Beim divergenten Denken kommt es nicht, wie bei den herkömmlichen Tests der allgemeinen Begabung, auf das Finden nur einer richtigen Lösung an, sondern auf die Mannigfaltigkeit und Originalität der Antworten sowie auf Einfallsfülle und Umstrukturierung... Seine Definition deckt sich weitgehend mit dem Begriff der „Kreativität" (G. Kaulfush, in: W. Arnold u. a., Hrg., Spalte 398).

Divergentes Denken meint also ein produktives Denken des Neuen, das fantasiereiche Denken, wobei die Denkinhalte als überraschend und neu empfunden werden (G. Heinelt). Auch nach E. P. Torrance ist „Kreativität verbunden mit neuen Ergebnissen, entstanden aus abenteuerlichem Denken, Erfinden, aus Neugierde, Imagination, Explorieren und Experimentieren" (zitiert bei E. Fetik, S. 28). Im Gegensatz dazu steht das konvergente Denken, das als Fähigkeit zur Auffindung *einer* richtigen Lösung bezeichnet werden kann, unter Anwendung üblicher Denkvorstellungen (Lösen eines Problems auf konventionelle Weise).

In der psychologischen Forschung steht die Analyse der kreativen Persönlichkeit, des kreativen Prozesses und Produkts im Vordergrund, aber auch die Frage nach der Förderung von Kreativität.

„Untersuchungen zur Kreativität im Vorschulalter ergaben einen Zusammenhang mit kulturellen und erzieherischen Bedingungen. So erwiesen sich in den USA farbige gegenüber weißen Kindern als kreativer im Umgang mit Gebrauchsgegenständen, sie fanden z. B. mehr Möglichkeiten für die Verwendung von Zeitungspapier. Dies wird dadurch verständlich, dass in dem ärmlichen Milieu, aus dem die farbigen Kinder stammten, die wenigen vorhandenen Gegenstände und Materialien sehr vielfältig benutzt werden mussten. Aufgrund einer anderen Untersuchung nimmt nach dem Schuleintritt die Kreativität der Kinder ab. Dies mag dadurch zu erklären sein, dass in unseren Schulen hauptsächlich konvergentes Denken gefördert wird. (Es darf angenommen werden, dass die Zunahme rationaler Denkprozesse die Abnahme des bildhaften Denkens, der Imagination verursacht; der Verfasser.) Besonders in einer frontalunterrichtlich geführten Klasse werden kreative Kinder vom Lehrer eher als störend empfunden, da sie viele Fragen stellen und ihre eigene oft abweichende Meinung äußern möchten" (H. Nickel/U. Schmidt, S. 70 f.). Das Image des kreativen Typs scheint weitgehend negativ gefärbt zu sein. „In der Einstellung der Eltern, Erzieher, Lehrer und Sozialarbeiter gilt der kreative Typ als schlecht angepasst, eigenwillig, eigensinnig und unbequem. Er ist wenig geschätzt. Nicht selten kommt es vor, dass man in ihm einen tatsächlichen oder potenziellen Außenseiter sieht und ihn als unzuverlässig, wenig korrekt, schwer berechenbar und labil abtut. In einer vor kurzem durchgeführten Untersuchung zeigte es sich, dass ihm auch neurotische Züge zugesprochen werden" (G. Heinelt, S. 182). Viele Erzieher und Lehrer reagieren negativ auf kreative und originelle Äußerungen ihrer Kinder; sie neigen dazu, unkonventionelle und ausgefallene Arbeiten der Kinder als „albern" oder „verrückt" zu bezeichnen. „Massiales & Zevin kommen zu dem Schluss, dass Gesellschaft und Schule nur auf konvergentes Denken ausgerichtet sind und nur dieses fördern, während sie gleichzeitig den kreativen, fantasiebegabten Schüler eindeutig benachteiligen, da dieser eher zu imaginativ-intuitivem (unkonventionellem) divergentem Denken neige" (zitiert bei E. Fetik, S. 31); s. diesbezüglich auch die Ausführungen S. 124.

Lit.: Heinelt, G., Kind und Kreativität. In: Behler, W. (Hrg.), Das Kind – Eine Anthropologie des Kindes. Freiburg 1971
Fetig, E., Schöpferische Imagination. In: KUKK, Zeitschrift für Kunstpädagogik, Heft 1/1995. München
[46] Ganz allgemein gilt, dass Einflussfaktoren wie Massenmedien, falsche Hilfen durch Eltern, Neigungen der Kinder zum Abzeichnen, Durchpausen von Bildern u. Ä. m. die kindliche Darstellungsformen

verändern können, sodass das echte, eigenständige Gestalten dadurch zum Erliegen kommen kann.
Bildnerische Verfahren bzw. Techniken sollten nicht überbetont werden, sie haben nur dienende Funktion, d. h. sie dienen der Umsetzung der Vorstellungen bzw. der Verwirklichung einer Idee in einem Werk (Zeichnung, Malerei). Die Gefahr der Routinemäßigkeit entsteht, wenn zu lange mit denselben Mitteln und Techniken gearbeitet wird. Die Bilder werden glatt, gekonnt und verlieren an Ausdruckskraft.
Zu beachten ist ferner, dass jedes Material seinen besonderen Charakter, und jede Technik ihre Eigenart hat, die auch die Endgestalt und die Wirkung eines Bild-Werkes mehr oder weniger stark beeinflussen; dass es bildnerische Motive gibt, die z. B. eher eine grafische Lösung nahe legen, andere dagegen eine farbigflächige Gestaltung fordern und den Kindern deshalb Flüssigfarben, Borstenpinsel und große Papierformate angeboten werden müssen.
Auf isolierte Farb- und Gestaltungsübungen muss (selbstverständlich) verzichtet werden, denn bei Kindern ist das bildnerische Schaffen stark an Erlebnisse gebunden und sollte davon nicht abgelöst werden.
Anfangs muss der Schwerpunkt auf dem freien, individuellen Schaffen liegen, auf ungelenktem Tun, auf dem Erproben der Mittel und Möglichkeiten.
Zielgebundenes Gestalten ist abhängig von der Mittler- und Anregungsfunktion der Erzieher. Sie müssen Kinder zur Annahme, Anteilnahme, zu Konzentration, Hingabe, Ausdauer führen. Dem Schaffensprozess selbst kommt dabei eine große Bedeutung zu. Dies darf aber nicht zu einer Geringschätzung des Endproduktes führen. Die Erzieher sollten immer wieder neue Materialien bereitstellen, neue Gestaltungstechniken anbieten, die den Kindern neue Erfahrungen, Einsichten bringen und neue bildnerische Ausdrucksmöglichkeiten eröffnen.
Auch sollte öfters das Blattformat gewechselt werden (wozu entsprechende Themen/Motive, gefunden werden müssen). Ein extrem schmales Hoch- oder Breitformat

oder ein quadratisches zwingen zu intensiver Auseinandersetzung.

Bezüglich der Blattgröße ist ein Wechsel ebenso nötig. (Jüngere Kinder, deren Feinmotorik noch wenig differenziert ist, brauchen immer große Papierformate.)

Oft führt eine zu große Freiheit in der Wahl der Themen nicht zu der erwünschten Arbeitshaltung und intensiven Auseinandersetzung. Die Kinder greifen dann rasch auf Lösungen zurück, die sie früher als erfolgreich angesehen haben und für die sie gelobt worden sind. Dies hat dann ein Ergebnis zur Folge, das herkömmlich, unbefriedigend, nicht kreativ ist, da es lediglich nur eine Wiederholung des alten darstellt.

[47] Die meisten Schulanfänger zeichnen noch mit der Farbe, einige gehen schon stärker in die Farbe, breiten die Farbe flächig aus, malen „nass-in-nass" und erreichen schon partiell farbig-malerische Wirkungen.

[48] Eine vorausgehende Grundierung der ganzen Malfläche mit transparent-flüssiger Farbe (auf die man dann Farbe auf Farbe in jeder weiteren Schicht immer deckender setzt), ist möglich, wenn man es nicht vorzieht, gleich auf Tonpapier malen zu lassen. „Meist nehmen wir ein farbiges Papier als Malgrund, da besonders die jüngeren Schüler sich mit dem ‚Anlegen' schwer tun; dieses Papier, sinngemäß in mehr oder minder neutralem Ton, der vielerlei Farben verträgt und trägt. Nun stimmt der Schüler die gemalten Töne auf diesen vorliegenden Grund ab, was ihm einen Zuwachs an Können einträgt, ihn im Laufe der Zeit immer mehr vom Einzelsetzen der Farbe abbringt und ihn daran gewöhnt, auf die Bezüglichkeit der Töne untereinander einzugehen" (Herrmann[2], S. 261).

Die Schichtentechnik wird auch in der „hohen Kunst" zum Aufbau eines Gemäldes in mehreren Farbschichten angewandt. Auf eine getrocknete Schicht werden weitere Schichten mit gleichem Bindemittel gelegt.

[49] Ältere Schüler zeichnen auch gerne mit Tusche und einer geschmeidigen Metallfeder. Eine Bleistift-Skizze kann der Arbeit vorausgehen. Die eigentliche Gestaltung erfolgt dann unmittelbar mit der Feder, d. h. die Skizze wird nicht einfach mechanisch nachgefahren, sondern der Zeichner verfügt frei über sie (und kann also auch während der Gestaltung noch manchen Einfall unterbringen, sachliche Einzelheiten verdeutlichen, die Stofflichkeit der Dinge wiedergeben u. a. m.), vgl. Abb. unten, Junge, 12 Jahre.

Literaturverzeichnis

Arnheim[1], R.: Art and Visual Perception – a psychology of the creative eye. London und Berkeley, Kalifornien 1956, übers. v. Bock, H.: Kunst und Sehen. Berlin 1965

Arnheim[2], R.: Anschauliches Denken. Köln 1972

Bareis, A.: Entfaltung. Die frühen Kreise – Ausdehnungsgestaltung. In: Die Gestalt 2. Ratingen 1973

Bareis, A.: Entfaltung. Differenzierungsreihe „Menschliche Figur". In: Die Gestalt 1. Ratingen 1973

Bareis, A.: Praxis der Kunsterziehung in der Grundschule. Donauwörth 1992[4]

Bareis, A.: Mit Kindern Werken und Gestalten. Donauwörth 1995

Britsch, G.: Theorie der bildenden Kunst. Hrsg. v. Kornmann, E., München 1926, Ratingen 1966[4]

Brunner-Traut, E.: Frühformen des Erkennens (Am Beispiel Altägyptens). Darmstadt 1992[2]

Bühler, K.: Die geistige Entwicklung des Kindes. Jena 1930[6]

Busemann, A.: Psychologie der Intelligenzdefekte. München/Basel 1975[6]

Cox, M.: Children's Drawings. London 1992

Daucher, H.: Künstlerisches und rationales Sehen, Gesetze des Wahrnehmens und Gestaltens. München 1967

Ebert, W.: Zum bildnerischen Verhalten des Kindes im Vor- und Grundschulalter. Ratingen 1967

Eccles, J. C./Robinson, D.: Das Wunder des Menschseins – Gehirn und Geist. München 1991

Franzen, E.: Testpsychologie. Frankfurt/M. 1972[11]

Friedländer, M.: Von Kunst und Kennerschaft. Leipzig 1992 (Reclam)

Gocksch/Kock/Otto/Wienecke: Der Anfang: Kunstunterricht im ersten Schuljahr; Lehrplan. In: Kunst + Unterricht 4, Velber 1969

Grözinger, W.: Kinder kritzeln, zeichnen, malen. Die Frühformen kindlichen Gestaltens. München 1966[3]

Hansen, W.: Die Entwicklung des kindlichen Weltbildes. München 1963

Hartlaub, G. F.: Der Genius im Kinde, Zeichnungen und Malversuche begabter Kinder. Breslau 1922

Herrmann[1], H.: Zeichnen fürs Leben. Ratingen 1963[3]

Herrmann[2], H.: Die Farbe bei Kindern und Jugendlichen. In: Kunst- und Werkerziehung 1. Ratingen 1963

Heinig, P.: Kunstunterricht. Bad Heilbrunn 1969

John-Winde, H./Roth-Bojadzhiev, G.: Kinder, Jugendliche, Erwachsene zeichnen. Hohengehren 1993

Junker, H. D.: Das Zeichnen im Kunstunterricht. In: Kunst + Unterricht 5. Velber 1969

Kellogg, R.; What children scribble and why. Palo Alto, California 1959

Kerschensteiner, G.: Die Entwicklung der zeichnerischen Begabung. München 1905

Kläger, M.: Bildnerischer Ausdruck: ein Phänomen anschaulicher Logik. In: Geistige Behinderung 4/1984. Marburg

Klöckner, K.: Raum und Ort. In: Zeitschrift f. Kunstpädagogik. Heft 1/1973

Koch, K.; Der Baumtest. Der Baumzeichenversuch als psychodiagnostisches Hilfsmittel. Bern, Stuttgart 1967[5]

Koppitz, E. M.: Die Menschendarstellung in Kinderzeichnungen und ihre psychologische Auswertung. Stuttgart 1972

Kornmann, E.: Über die Gesetzmäßigkeiten und den Wert der Kinderzeichnung. Ratingen 1949[2]

Kowalski, K.: Wie führe ich Unterricht in Kunsterziehung durch? In: Pelikan 1. Hannover 1968

Levinstein, S.: Kinderzeichnungen bis zum 14. Lebensjahr. Mit Parallelen aus der Urgeschichte und Völkerkunde. Leipzig 1905

Luquet, H.: Le dessin enfantin. Paris 1927–35

Lurker, M.: Von der Symbolik des Kreises. In: Die Welt der Schule 10/1970

Lowenfeld, V.: Vom Wesen schöpferischen Gestaltens. Frankfurt/M. 1960

Meili-Dworetzki, G.: Das Bild des Menschen in der Vorstellung und Darstellung des Kleinkindes. In: Beiheft zur schweizerischen Zeitschrift für Psychologie und ihre Anwendungen, Nr. 30, Bern/Stuttgart 1957

Meves, Ch.: Tiefenpsychologische Aspekte des Kindesalters, dargestellt an Beispielen des kindlichen Gestaltens. In: Das Kind im Vor- und Grundschulalter. Freiburg 1973

Meyers, H.[1]: Die Welt der kindlichen Bildnerei. Handbücherei für Kinderpflege, hrsg. v. Psczolla, E., Band 1. Witten/Ruhr 1967[3]

Meyers, H.[2]: Stilkunde der naiven Kunst. Gestaltungskundliche Grundlagen zur Theorie der Kunsterziehung. Frankfurt/M. 1962[3]

Meyers, H.[3]: Kind und bildnerisches Gestalten. Psychologische Voraussetzungen der Kunsterziehung in der Volksschule. München 1968

Morris, D.: The Biology of Art. London 1962, übers. v. Lenzen, H. G.: Der malende Affe (dtv, Bd. 517). München 1968

Mosimann, W.: Kinder zeichnen. Bern 1979

Mühle, G.: Kinderzeichnung. In: Neues pädagogisches Lexikon. Stuttgart 1971[5]

Mühle, G.: Entwicklungspsychologie des zeichnerischen Gestaltens; Grundlagen, Formen und Wege in der Kinderzeichnung. München 1967[2]

Navratil, L.: Schizophrenie und Kunst (Neuausgabe). München 1996

Neuhaus, W.: Der Aufbau der geistigen Welt des Kindes. München/Basel 1962[2]

Nickel, H./Schmidt, U.: Vorschulkind und Schulanfänger. München o. J.

Niekisch, H.: Der diagnostische und therapeutische Wert der freien Kinderzeichnung. Vortrag auf der Jahresversammlung bayerischer Nervenärzte am 29. 5. 1959 in Kaufbeuren

Otto, G.: Kunst als Prozeß im Unterricht. Braunschweig 1964

Pfennig, R.: Gegenwart der bildenden Kunst. Erziehung zum bildnerischen Denken, Oldenburg 1964

Piaget, J./Inhelder, B.: Die Psychologie des Kindes. Olten 1972

Plarre, W.: Die Darstellung der Bewegung in der Kinderzeichnung. Leipzig 1930

Rabenstein, R.: Kinderzeichnung, Schulleistung und seelische Entwicklung. Bonn 1960

Read, H.: Education through Art. London 1958, übers. von Zeller, A. P.: Erziehung durch Kunst (Knaur-Taschenbuch 168). München/Zürich 1962

Reindl, R.: Erste Zeichnungen – Betrachtungen zur Entwicklungsgeschichte des frühkindlichen Zeichnens. In: Die Gestalt. Heft 2/1993

Ricci, C.: L'arte dei bambini. Bologna 1887, übers. v. Roncali, E.: Kinderkunst, Leipzig 1906

Richter, H. G.: Die Kinderzeichnung. Köln 1987

Schachter, M. u. Cotte, S.: Der diagnostische Wert der Zeichnung in der klinischen Psychologie. In: Die Tests in der klinischen Psychologie. Hrsg. Stern, E., 2. Halbband. Zürich 1955

Schenk-Danzinger, L.: Entwicklungspsychologie. Wien 1986[18]

Schwerdtfeger, K.: Bildende Kunst und Schule. Hannover 1954[2]

Staguhn, K.[1]: Kunsterziehung im Vorschulalter. In: Lernen und Lehren im Vorschulalter. Hrsg. v. Correll, W., Donauwörth 1970

Staguhn, K.[2]: Didaktik der Kunsterziehung. Frankfurt/M. 1967

Stern, E.: Das Zeichnen als diagnostische und therapeutische Methode in der Kinderpsychiatrie. In: Kind und Kunst, hrsg. v. Heymann, K. Psychologische Praxis, Heft 10, Basel 1951

Straßner, E.: Bildnerische Erziehung (Bd. 1) Zeichnen und Malen. Wolfenbüttel 1960

Sully, J.: Studies of Childhood. London 1895, übers. u. m. Anmerkungen versehen von Stimpfl, J.: Untersuchungen über die Kindheit, Leipzig 1897

Trümper, H.: Malen und Zeichnen in Kindheit und Jugend. Handbuch der Kunst- und Werkerziehung. Hrsg. v. Trümper, H., Bd. III. Berlin 1961

Volkelt, H.: Neue Untersuchungen über die kindliche Auffassung und Wiedergabe von Formen: In: Bericht ü. d. VI. Kongreß f. Heilpäd., Berlin 1929

Volkelt, H.: Die Prinzipien der Raumdarstellung des Kindes. Hrsg. v. G. Volkelt. Bietigheim 1968

Weber, G.: Kunsterziehung gestern, heute, morgen auch. Ravensburg 1964

Widlöcher, D.: Was eine Kinderzeichnung verrät. Methode und Beispiele psychoanalytischer Deutung. Bruxelles 1965, deutsche Ausgabe München 1974

Ziler, H.: Der Mann-Zeichen-Test in detailstatistischer Auswertung. Münster 1970[2]